**Vorwort**

Liebe Leserin, lieber Leser,

sicher zum Lernerfolg – mit Spaß und Spannung! Die Compact Lernkrimis mit ihrer Kombination aus Lektüre und didaktischem Übungsanteil eignen sich hervorragend, um breite Sprachkompetenzen in der Fremdsprache zu erwerben. Der Lerner wird dabei durch die spannende Handlung, das angemessene Sprachniveau und den stetig ansteigenden Schwierigkeitsgrad der Übungen gefördert und motiviert.

Entwickelt nach neuesten Erkenntnissen der Fremdsprachendidaktik, sind Compact Lernkrimis das ideale Medium für einen Lernerfolg im Selbststudium. Durch die kleinen Texteinheiten und den hohen Übungsanteil sind sie aber auch als Unterrichtslektüre bestens geeignet.

So lernen Sie mit Compact Lernkrimis:

- **Mit Begeisterung lernen:** Die packende Krimihandlung motiviert Sie beim Lesen des französischen Originaltextes.
- **Wissen intensivieren und erweitern:** Durch die Kombination aus didaktisierter Lektüre und textbezogenen Übungen testen und trainieren Sie Ihre Sprachkenntnisse effektiv. Vokabelangaben auf jeder Seite unterstützen Sie beim Lesen.
- **Systematisch lernen:** Knüpfen Sie an Ihr individuelles Sprachniveau an und setzen Sie eigene Lernziele – linear im Schwierigkeitsgrad ansteigend oder mit punktuellen Schwerpunkten von Grundwortschatz bis Hörverstehen.
- **Unabhängig sein:** Lernen Sie ganz individuell – wo und wann Sie wollen.

Viel Spaß beim **spannend Französisch lernen**
wünscht Ihnen

Prof. Dr. Christiane Neveling
Didaktik der romanischen Sprachen, Universität Leipzig

Inhalt

Meurtre sans victime

Dr. Marc Blancher

1 Meurtre sur la Croisette

Nous sommes le lundi 18 mai 2015 à Cannes. Cannes est une ville du **sud** de la France. Elle a environ 70 000 habitants. Chaque année, au mois de mai, il y a le Festival de Cannes. On y présente des films **du monde entier**. Il y a des stars de toutes les nationalités. Elles veulent toutes **gagner un prix** : le plus important est la Palme d'Or ! Le soir, c'est la **montée des marches**. Il y a beaucoup de monde, surtout des paparazzis ! Et sur la Croisette, c'est la **foule** !

« Commissaire ! Commissaire ! »

meurtre *m*	Mord
sud *m*	Süden
monde *m* entier	ganze Welt
gagner un prix	einen Preis gewinnen
montée *f* des marches	Treppen hochsteigen
foule *f*	Menge
crier	schreien
pantalon *m*	Hose
tailleur *m*	Kostüm
escarpins *m pl*	Stöckelschuhe
lunettes *f pl*	Brille

Ce sont des policiers en uniforme qui **crient**.

Adeline Dulac a trente-quatre ans. Depuis dix ans, elle est commissaire de police. Et depuis le début de l'année, elle dirige le commissariat de Cannes. Adeline Dulac est une grande jeune femme blonde. Elle a les yeux verts. Elle porte un **pantalon** et un **tailleur** noir. Elle porte aussi des **escarpins** noirs et des **lunettes** de la même couleur. Tous les policiers hommes du commissariat la trouvent très belle. Et les femmes sont jalouses. Mais Adeline a un caractère très **dur** et n'a pas de petit ami.

« Qu'est-ce qu'il y a ? »

Un policier lui montre une voiture noire. Adeline n'est pas contente : encore un **caprice** de star ! Mais la voiture a une **cocarde** officielle, c'est la voiture du ministre !

Exercice 1 : La description. Verbinden Sie die Kleidungs-stücke und Accessoires mit dem passenden Körperteil!

Exemple : Le chapeau   la tête

1. C Le pantalon   **a)** les pieds

2. d Le tailleur   **b)** les yeux

3. a Les escarpins   **c)** les jambes

4. b Les lunettes   **d)** le buste

« Mes respects, Monsieur le Ministre. »

Le ministre de la Culture est un homme de cinquante ans. Il est tout petit. Il a les cheveux gris et **bouclés**. Il porte de petites lunettes très fines.

« Je vous **félicite**, Commissaire. La sécurité est parfaite.

– Je vous remercie, Monsieur le Ministre. Vous restez à Cannes ? »

Le ministre parle douce-ment :

dur	hart
caprice *f*	Laune
cocarde *m*	Kokarde (kreisrundes polizeiliches Abzeichen)
bouclé	lockig
féliciter	beglückwünschen

« Oui, une visite surprise : je viens voir le dernier film de Catherine Saint-Luc. C'est un thriller et… »

escorte *f*	Eskorte, Geleit
invité *m* d'honneur	Ehrengast
sourir	lächeln
flash *m* d'appareil-photo	Blitz eines Fotoapparates
célèbre	berühmt
hurler	brüllen

Adeline n'aime pas le cinéma : elle ne voulait pas travailler à Cannes !

« Je ne sais pas, Monsieur le Ministre, je… Voulez-vous une escorte ?

– Non, je vous remercie, commissaire. Je vais à la soirée au Palais des Festivals. C'est Catherine Saint-Luc l'invitée d'honneur. Je suis à sa table. »

Le ministre de la Culture sourit. Adeline le trouve idiot mais elle ne dit rien.

Bientôt, les premières stars arrivent. On entend des cris dans la foule. Il y a des flashes d'appareils-photos. Le public veut faire des selfies avec les stars. Les policiers en uniforme sont aussi enthousiastes. Maintenant, c'est un célèbre acteur comique américain qui arrive. Il s'appelle George Clowney. Quand elles le voient, beaucoup de femmes hurlent. Les policiers en uniforme

> Heutzutage verwendet man im Französischen lieber den der englischen Sprache entnommenen Begriff „la star" (immer weiblich, wie der französische Begriff „étoile", auch wenn es sich um eine männliche Person handelt) als „la vedette", der veraltet, ja sogar negativ klingt.

aident les agents de sécurité du festival.

« George ! An autograph, please ! »

Adeline n'aime pas du tout le cinéma et le « star-system ».

Elle trouve cela ridicule.

Maintenant, c'est un paparazzi qui lui parle.

« Madame, s'il vous plaît, est-ce que je peux m'approcher ? Seulement pour faire une photo de George Clowney ! »

Adeline est toujours très stricte. Elle montre la barrière au paparazzi.

ridicule	lächerlich
s'approcher	sich nähern
barrière *f*	Absperrung
interdit	verboten
comprendre	verstehen
adjoint *m*	Assistent, rechte Hand
inquiet	besorgt
entendre	hören
appel *m*	Ruf

« C'est interdit ! Vous comprenez ? »

Le paparazzi lui sourit. Mais Adeline n'est pas naïve.

« Je vous ai dit non ! »

À ce moment-là, on appelle Adeline sur son walkie-talkie.

Exercice 2 : Vrai ou faux ? Welche Aussagen sind korrekt? Markieren Sie mit richtig ✔ oder falsch – !

1. Adeline est commissaire de police. ☑

2. Adeline est à Cannes depuis l'année 2014. ☐

3. Le ministre de la Culture aime beaucoup le cinéma. ☑

4. Adeline est naïve. ☐

« Commissaire pour Bensouda ! »

Le capitaine Saad Bensouda est l'adjoint d'Adeline.

« Que se passe-t-il ?

– Viens à l'Hôtel des Stars, vite ! »

Adeline est inquiète. Son adjoint est très nerveux. Le paparazzi a entendu l'appel.

Plus tard, Adeline arrive à l'Hôtel des Stars, **au bout de** la Croisette.

« Mon Dieu ! C'est terrible, horrible, une vraie catastrophe ! »

C'est le directeur de l'hôtel qui crie. Il s'appelle Lucien Malet.

« C'est une vraie catastrophe, je vous le dis ! »

Il crie en direction d'Adeline.

« **Calmez-vous**, Monsieur, calmez-vous ! »

Mais le directeur ne se calme pas.

« Qu'est-ce que je vais dire à la presse, moi ? »

Le paparazzi est là aussi.

« Dire à la presse ? » demande-t-il.

Quand il voit le paparazzi, Lucien Malet panique.

« Rien, rien du tout ! »

Enfin, voilà Saad Bensouda. Il explique à Adeline :

Bientôt, Adeline et Saad entrent dans la suite de Catherine Saint-Luc.

« Quelqu'un est entré par le balcon. » explique Saad.

Partout, des techniciens de la Police Technique et Scientifique (PTS) travaillent. Ils portent des **chasubles** vertes.

Adeline sort sur le balcon.

« Des **traces** ? » demande-t-elle.

plus tard	später
au bout de	am Ende
se calmer	sich beruhigen
personnel *m*	Personal
bientôt	bald
chasuble	Kasel, Labormantel
trace *f*	Spur
dehors	draußen
fouiller	durchwühlen
flaque *f*	Lache
sang *m*	Blut
corps *m*	*hier:* Leiche
nez *m*	Nase
en colère	wütend

Dehors, des policiers en uniforme **fouillent** le jardin de l'Hôtel des Stars.

« C'est à l'étage numéro <u>deux</u> (2), suite **1.**

(23). C'est le service d'étage qui nous a appelés à **2.** (18) heures. C'est la suite de l'actrice Catherine Saint-Luc. Ses **3.** (9) assistantes résident dans les autres chambres de l'étage numéro deux. » Adeline est choquée.

« Combien d'assistantes ?

– Au total, elle est accompagnée par **un personnel** de **4.** (17) personnes. »

« Non, rien.

– Et dans la chambre ?

– Il y a une grosse **flaque** de **sang** près du lit. Il va être[i] analysé. Mais aucune trace du **corps**. »

Un homme arrive alors. Il est très grand. Il a un long **nez**. Il est aussi très arrogant.

Mit dem Verb „aller" Im Präsens + Infinitiv drückt man eine Handlung aus, die bevorsteht. Diese Zeit heißt auf Französisch „futur composé" und wird wie folgt gebildet: *je vais/tu vas/il, elle, on va/nous allons/vous allez/ils/elles vont* + Infinitiv. Beispiel: „Ich werde gehen." „Je vais partir".

« Qui êtes-vous ? » demande-t-il à Adeline.

Il est **en colère**. Il crie à Saad :

« J'espère que ce n'est pas une journaliste ! »

Adeline est vexée : non, elle n'est pas journaliste ! Elle montre sa carte de réquisition et son insigne à l'homme.

« Commissaire Dulac, police nationale. Et vous êtes… ? »

Saad sourit. Il sait qu'Adeline n'aime pas le cinéma.

L'homme est très célèbre, c'est un producteur qui s'appelle Rémi Rossignol. Toutes les grandes stars françaises travaillent avec lui.

« C'est Rémi Rossignol, explique Saad. C'est le producteur des stars.

– Ah…

– Elle a des ennemis ? »

Rémi Rossignol est surpris.

« Catherine Saint-Luc, des ennemis ? Évidemment ! Comme toutes les stars, elle est toujours harcelée ! Surtout à Cannes !

– Bien. Saad, tu t'occupes de cette piste.

– Et toi ? Qu'est-ce que tu fais ?

– Je vais aller au cinéma. »

Adeline veut sortir, mais Rémi Rossignol lui dit :

« Et la presse, Commissaire ? Que fait-on avec la presse ?

– C'est votre problème. »

Adeline parle maintenant avec le personnel de l'hôtel. Mais, tout à coup, elle sort son arme.

« Police ! »

Un homme court dans le couloir. C'est le paparazzi qui

carte f de réquisition	Polizeidienstausweis
insigne m	Dienstmarke
évidemment	offensichtlich
harcelé	belästigt
s'occuper	sich kümmern
piste f	Spur
tout à coup	plötzlich, auf einmal
sortir	hinausgehen
courir	rennen
couloir m	Flur

était **devant** le Palais des Festivals. Adeline le **rattrape**.

« Je vous **arrête**.

– Mais je n'ai rien fait !

– Vous n'**avez** pas **le droit** d'être là !

– Et lui ? »

Le paparazzi montre un homme qui sort par la fenêtre.

« Messieurs[i] ! » crie Adeline.

Aussitôt, deux policiers en uniforme arrêtent le deuxième homme.

« Et moi ? demande le paparazzi.

– Vous ? Je vous arrête aussi.

– Mais je vous ai aidée ! »

Pour la première fois, Adeline sourit. Mais elle l'arrête **malgré tout**.

devant	vor
rattraper	einholen
arrêter	anhalten
ne pas avoir *irr* **le droit de faire qc**	etw. nicht tun dürfen
aussitôt	sofort
malgré tout	trotz allem, trotzdem

Vorsicht! Unregelmäßige Pluralformen: Die Pluralform von *Monsieur* lautet *Messieurs*, der Plural von *Madame* ist *Mesdames* und die von *Mademoiselle* lautet *Mesdemoiselles*. Selbst wenn sie im Französischen – wie im Deutschen – selten geworden ist, wird die Form *Mademoiselle* bzw. *Mesdemoiselles* noch manchmal verwendet.

Übung 4: Le futur composé. Setzen Sie die Verbformen ins Futur composé!

Exemple : Tu arrives.   <u>Tu vas arriver.</u>

1. Je vais.   _____

2. Elle arrête.   _____

3. Vous partez.   _____

4. Ils sortent.   _____

2 Plus on est de fous...

Devant l'Hôtel des Stars, il y a maintenant beaucoup de gens. Ce sont surtout des paparazzis. On voit des flashes d'appareils-photos. On entend des cris.

« Que se passe-t-il ? C'est dans la chambre de Catherine Saint-Luc ? »

Les policiers en uniforme sont devant l'hôtel. Personne ne peut entrer. Un paparazzi crie :

« S'il vous plaît ! Nous voulons des informations ! »

Un autre dit :

« Quelques mots, s'il vous plaît, c'est pour la télévision ! »

Mais les policiers ne réagissent pas. Bientôt, leurs collègues arrivent avec les deux **suspects**. Ils **cachent** leur tête.

Plus on est de fous…	Je mehr Leute …
suspect *m*	Verdächtiger
cacher	verstecken, zurückhalten
avoir *irr* le droit de faire qc	etw. tun dürfen
s'exclamer	ausrufen
être *irr* au courant	auf dem Laufenden sein, informiert sein

« Que se passe-t-il ? Nos lecteurs **ont le droit de** savoir ! »

Maintenant, c'est Adeline qui sort. Il y a Saad et Rémi Rossignol avec elle.

« Mon Dieu ! **s'exclame** Rémi Rossignol. Ils **sont** déjà **au courant** !

– Qu'est-ce que je leur dis ?

– Ce que vous voulez, Monsieur. C'est votre travail, non ? »
Rémi Rossignol est **fier** et il **arrange** sa cravate. Il va parler aux journalistes. Mais Adeline lui dit :

fier	stolz
arranger	*hier*: einrenken
commissariat *m*	Polizeirevier
suspect	verdächtig
faire *irr* **de plus en plus de bruit**	immer mehr Lärm machen

« Monsieur Rossignol ?

– Vous allez venir au **commissariat** demain matin à huit heures trente.

– Co… Comment ? C'est le Festival et je…

– Je sais.

– Je… Je suis **suspect** ?

– Comme tout le monde. À demain.

– À demain… »

Les journalistes **font de plus en plus de bruit**.

> Vorsicht! Doppelte Bedeutung: Das maskuline Substantiv *journal* kann sowohl die Papiertageszeitung bezeichnen als auch die TV-Nachrichten, die in Frankreich üblicherweise um 13.00 und um 20.00 Uhr ausgestrahlt werden.

« Monsieur Rossignol, s'il vous plaît ! Quelques mots !

– Une interview pour le journal **ⓘ** de 20 heures ! »

Übung 5: Le temps qui passe. Setzen die folgenden Wendungen an die richtige Stelle vor oder nach „heute".

demain	aujourd'hui	avant-hier	après-demain

hier

_____ _____ <u>aujourd'hui</u>

_____ _____

Pendant que Rémi Rossignol parle à la presse, la police emmène les deux suspects au commissariat de Cannes. Il y a deux voitures avec un gyrophare bleu. Elles roulent doucement parce qu'il y a beaucoup de gens partout. Dans le premier véhicule, il y a Adeline, deux policiers en uniforme et le paparazzi. Dans la seconde, il y a Saad, deux policiers en uniforme et le deuxième homme. À un feu, des gens veulent faire des photos.

« Je déteste Cannes, murmure Adeline. Et je hais le cinéma. »

Le paparazzi dit :

« Excusez-moi ? »

Adeline se retourne.

« Qu'est-ce qu'il y a ?

– J'en ai assez, est-ce que… ?

– Taisez-vous ! Moi aussi, j'en ai marre, alors taisez-vous ! »

Bientôt, les deux voitures arrivent au commissariat

pendant que	während
emmener	mitnehmen
gyrophare	Blaulicht
rouler	fahren (Auto)
doucement	*hier*: langsam
partout	überall
véhicule *m*	Fahrzeug
feu *m*	Ampel
détester	hassen
murmurer	flüstern, murmeln
haïr	hassen
se retourner	sich umdrehen
en avoir *irr* assez	von etw. genug haben
Taisez-vous !	Seien Sie still! Schweigen Sie!
en avoir *irr* marre	die Nase voll haben von etw.

de Cannes. Il y a déjà beaucoup de journalistes devant l'entrée. Adeline dit :

« Deux hommes de plus pour la sécurité à l'entrée ! »

Quand elle arrive à l'accueil, un policier en uniforme lui dit :

« Patron, il y a quelqu'un pour vous dans votre bureau.

– Ah… Qui… ?

– C'est le…

– Commissaire ! »

Adeline **reconnait** le ministre de la Culture. Elle **murmure** :

« **Les nouvelles vont vite**… »

Le ministre est très nerveux.

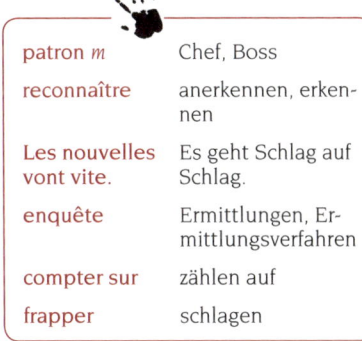

patron *m*	Chef, Boss
reconnaître	anerkennen, erkennen
Les nouvelles vont vite.	Es geht Schlag auf Schlag.
enquête	Ermittlungen, Ermittlungsverfahren
compter sur	zählen auf
frapper	schlagen

« Monsieur le Ministre, dit Adeline.

– C'est vrai, Commissaire ? »

Ils entrent dans le bureau.

« Quoi donc, Monsieur le Ministre ?

– Que Catherine Saint-Luc a été…

– Nous ne savons pas, Monsieur le Ministre. L'**enquête** commence.

– Le Président est en visite d'État en Afrique. Et il m'a appelé… Catherine Saint-Luc est un symbole national. Et le Président veut des résultats.

– Très bien, Monsieur le Ministre.

– La France **compte sur** vous. »

Un policier en uniforme **frappe** alors à la porte.

« Excusez-moi, chef ? »

Im Unterschied zur deutschen Sprache werden im Französischen die Substantive (bis auf Eigennamen) kleingeschrieben. Es gibt aber ein paar Ausnahmen, u.a. für Begriffe, die zwei unterschiedliche Bedeutungen haben können. Kleingeschrieben lässt sich der Begriff *état (m)* mit „Zustand" übersetzen und großgeschrieben, wie hier, mit „Staat". Ein ähnliches Beispiel: *homme* („Mann") vs. *Homme* („Mensch").

Le ministre de la Culture **quitte** le commissariat avec ses **gardes du corps**. Une jeune femme veut parler à Adeline. Elle s'appelle Bérengère Charrier. C'est la première assistante de Catherine Saint-Luc. Adeline la **reçoit** dans son bureau.

« Vous voulez me parler, Mademoiselle Charrier ? »
Bérengère Charrier est une jeune femme de vingt-cinq ans, **maigre**. Elle a les cheveux **châtains**, longs et frisés. Elle porte de grosses lunettes noires. Elle **a l'air** très nerveuse. Elle veut fumer une cigarette. Adeline lui dit :

« Il **est interdit de** fumer dans les lieux publics. »
La jeune femme **range** son **paquet de cigarettes**.

« Excusez-moi. Quand je suis nerveuse, je fume. »

quitter	verlassen
garde *m* du corps	Leibwächter
recevoir	erhalten
maigre	schlank, dünn
châtain	kastanienbraun
avoir l'air	wirken, scheinen
interdit	verboten
ranger *irr*	(weg)räumen
paquet *m* de cigarettes	Päckchen Zigaretten

Adeline pense que Bérengère Charrier **a peur**.

« Mademoiselle Charrier, pourquoi voulez-vous me voir ?

– La scène de la chambre d'hôtel, c'est…

– C'est quoi, Mademoiselle Charrier ? »

Bérengère Charrier ouvre son sac à main. Elle donne un dossier à Adeline.

« Lisez ! »

Le dossier est le **scénario** d'un film. Le titre du film est « Le plaisir de **tuer** ». Adeline lit le **résumé** :

avoir *irr* **peur**	Angst haben
tuer	töten
résumé	Zusammen-fassung
personnage	Darsteller
victime	Opfer
criminel *m*	Verbrecher

Exercice 7 : Le passé composé. Lesen Sie weiter und konjugieren Sie die Verbformen im Passé composé!

« Au début de l'histoire, une femme **1.** être _a été_ tuée dans une chambre d'hôtel. On **2.** appeler _____ la police et c'est la commissaire Jeanne qui **3.** arriver _____ la première. La commissaire Jeanne, c'est le **personnage** joué par l'actrice Catherine Saint-Luc. Le criminel **4.** entrer _____ dans la chambre d'hôtel par la fenêtre. Et il **5.** emmener _____ la **victime**. On **6.** trouver _____ beaucoup de sang dans la chambre. À la fin de l'histoire, la commissaire **7.** arrêter _____ le **criminel**.

Adeline est choquée. « Vous voulez dire que… ? » Bérengère Charrier est gênée. Elle murmure :
« Oui… C'est le scénario du film. J'étais là pendant le tournage. C'est exactement la même scène.
– Nous avons un suspect en garde-à-vue. Venez avec moi, Mademoiselle… »
Saad est assis dans une salle d'interrogatoire. En face de lui, il y a le deu-xième homme de l'hôtel, l'intrus. C'est un petit homme maigre et très nerveux. Il est brun et il a les yeux noirs. D'après son dossier, il a quarante ans. Bérengère Charrier le voit à travers une vitre sans tain.

« C'est lui, dit-elle. C'est cet homme qui harcèle Madame Saint-Luc depuis des années.
– Je vous remercie. Un policier va vous raccompagner. »
Quelques minutes plus tard, Adeline entre dans la salle d'interrogatoire. Elle s'assied à côté de Saad. Saad lui donne le dossier. Elle regarde l'homme.
« Vous vous appelez Thierry Durand. Vous avez quarante ans. »
L'homme ne répond pas.
« Que faisiez-vous dans l'Hôtel des Stars ? »
L'homme ne répond toujours pas.

gêné	verlegen
tournage	Dreh
garde-à-vue	Untersuchungs-haft
salle d'inter-rogatoire	Befragungsraum
intrus *m*	Eindringling
brun	braunhaarig, dunkelhaarig
dossier *m*	Akte
vitre *f* sans tain	verspiegelte Scheibe
harcelé	belästigt
raccompagner	zurückbegleiten
toujours pas	immer noch nicht

« Monsieur Durand, je vous parle. »

Aucune réaction.

Adeline crie :

« Monsieur Durand, je vous parle ! »

Saad a alors une idée. Il a lu le dossier psychiatrique de Thierry Durand. L'homme est obsédé par Catherine Saint-Luc. Saad pose donc une photo de l'actrice sur la table. Thierry Durand la regarde.

« Vous savez qui c'est, Monsieur Durand ? »

L'homme ne répond pas à la question. Mais il prend la photo. Il la touche avec la main.

obsédé	*hier*: besessen
poser	*hier*: hinlegen
toucher	anfassen, berühren
se lever	aufstehen
intervenir	eingreifen

« Catherine… »

Adeline profite de la situation.

« Monsieur Durand, vous êtes entré dans l'Hôtel des Stars cet après-midi ?

– Oui… Je… Je voulais voir Catherine… Je voulais lui parler…

– Est-ce que vous l'avez vue ? »

L'homme ne réagit pas.

« Monsieur Durand, est-ce que vous avez vu Catherine Saint-Luc cet après-midi ? »

Thierry Durand se lève.

« Oui, je l'ai vue ! »

Saad veut intervenir mais Adeline ne fait rien.

« Elle… Elle ne voulait pas me parler… Elle voulait appeler le service de sécurité et… Ah… ! »

Thierry Durand commence à crier. Il fait beaucoup de bruit. Il est **violent**. Saad doit appeler deux policiers en uniforme. Et Adeline téléphone à l'hôpital : elle a besoin d'un psychiatre. C'est urgent !

Saad demande :

« Tu crois que c'est lui ? »

Adeline **hésite** :

« Possible, oui. Mais…

– Mais tu n'y crois pas.

– Non.

– Qu'est-ce qu'on fait maintenant ?

– Nous allons au… »

violent	gewalttätig
hésiter	zögern

Exercice 8 : Devinette. Finden Sie die passenden Begriffe und erfahren Sie, wo Adeline und Saad hingehen!

1. La ville où Adeline travaille : ☐ __ __ __ __ __.

2. Le grade d'Adeline dans la police :

__ __ __ __ ☐ __ __ __ __ __.

3. Certains policiers portent un __ ☐ __ __ __ __ __.

4. La traduction française du mot *star/Stern* :

☐ __ __ __ __ __.

5. Il est dans le bureau d'Adeline, c'est le

☐ __ __ __ __ __ __ de la culture.

6. Pour le festival, il y a beaucoup de

__ ☐ __ __ __ __ __ __ __.

Lösung : Adeline et Saad vont au __ __ __ __ __.

Plus on rit...

Adeline et Saad veulent partir. Mais une **voix** crie :

« Attendez ! Et moi ? »

C'est le paparazzi de l'Hôtel des Stars. Saad lui demande :

« Qu'est-ce que vous voulez ? »

Le paparazzi répond :

« Je peux vous **aider**. »

Saad est intéressé. Mais Adeline dit :

« Vous êtes suspect, Monsieur. Et je ne travaille pas avec les suspects. »

Le paparazzi sourit. C'est un jeune homme blond. Il est **de petite taille** et il a les yeux bleus. Il est très arrogant et très **sûr de lui**. Saad le trouve sympathique. Adeline le déteste. Elle dit à Saad :

« On ⓘ y va ! »

Mais le paparazzi insiste. Il **ajoute** :

« **Même si** le suspect a des informations sur Catherine Saint-Luc ? »

Adeline **soupire**. Elle dit à Saad :

« Très bien. Tu y vas seul.

...plus on rit.	... umso besser die Stimmung.
voix *f*	Stimme
aider	helfen
sûr de lui	selbstsicher
ajouter	hinzufügen
même si	wenn auch
soupirer	seufzen

> Das unbestimmte Pronomen *on* („man") verwendet man im Französischen sowohl im Sinne von „man" als auch im Sinne von „wir". Eine häufige Wendung ist *On y va!* („Gehen wir!").

– Hein ? Mais… Et toi ? Tu vas où ?

– Je reste ici.

– Et tu fais quoi ?

– Je vais discuter.

– Avec qui ?

– Avec Monsieur.

– Et on se retrouve quand ?

– Dans deux heures, après la projection. »

se retrouver	sich (wieder) treffen
comparer	vergleichen
crime *m*	Vebrechen

Saad ne comprend plus rien. Adeline lui donne le dossier avec le scénario du thriller « Le plaisir de tuer ».

« Qu'est-ce que… ? »

Adeline explique :

« Tu regardes le film et tu compares avec le scénario… et avec notre crime. Rendez-vous demain matin à huit heures au bureau. »

Saad est surpris. Il demande :

« Comment est-ce que je fais pour entrer ?

Exercice 9 : Les pronoms interrogatifs. Ergänzen Sie die folgenden Fragen wie im Beispiel mit dem richtigen Fragewort!

Sie fragen nach…

der Herkunft: **D'où** viens-tu ?

1. dem Datum/der Uhrzeit: _____ pars-tu ?

2. dem Reiseziel: _____ vas-tu ?

3. der Identität: _____ es-tu ?

4. dem, was die Person macht: _____ fais-tu ?

– Tu montres ta carte et ton insigne. Et tu dis que c'est une enquête pour meurtre. »

Bientôt, Adeline est assise **en face du** paparazzi. Il s'appelle Étienne Valmont. Il a trente ans. Il est

en face de	gegenüber von
découvrir	entdecken
ouvrir	öffnen
condamné	verurteilt
sans autorisation	ohne Erlaubnis
scoop *m*	Exklusivbericht
déclaration *f*	Erklärung

photographe professionnel. Il travaille pour un célèbre magazine people, « Les Stars que vous aimez ».

« C'est une vraie **salle d'interrogatoire** [i] ? Cool ! »

Étienne est comme un enfant. Il est très enthousiaste. Il aime **découvrir** le commissariat de police. Adeline, elle, est très en colère !

« Monsieur Valmont ! »

Le paparazzi sourit.

« Commissaire Dulac ! »

Adeline **ouvre** un dossier.

« Vous êtes un célèbre paparazzi. Vous avez aussi été **condamné** plusieurs fois. Vous entrez toujours partout **sans autorisation** ?

– C'est mon travail !

– C'est illégal !

– Il faut prendre des risques pour avoir un bon **scoop**. »

Adeline sourit. Elle a attendu cette **déclaration**.

« Vous avez un scoop pour moi ? »

> Ein Raum - drei Wörter. *Chambre* wird fast ausschließlich im Sinne von „Schlafzimmer" verwendet, während *pièce* einfach die entsprechende Raumeinteilung bezeichnet und *salle* einen Raum mit einer bestimmten Funktion (*salle de bains* „Badezimmer" oder *salle à manger* „Esszimmer").

Étienne Valmont sourit.

« Peut-être… »

Adeline est maintenant vraiment en colère.

« Monsieur Valmont, c'est la dernière fois ! »

Étienne Valmont explique :

« J'ai vu **en avant-première** le dernier film de Catherine Saint-Luc.

– Et… ?

– Il ne va pas **avoir beaucoup de succès**.

– Pourquoi ? »

Étienne Valmont voit qu'Adeline est intéressée. Il **continue** :

« Elle fait trop de **caprices** sur les tournages et les critiques disent que son jeu d'actrice est de plus en plus mauvais…

– Intéressant…

– Et depuis le scandale de l'année dernière, le public **boude** ses films. »

Adeline ne sait pas de quoi Étienne parle.

« Vous n'allez jamais au cinéma ?

– Non, jamais.

– Même pas en hiver ?

– Printemps, été, automne ou hiver, non, je ne vais jamais au cinéma. Catherine Saint-Luc ?

– La **rumeur** dit que plus aucun producteur ne veut financer ses films.

en avant-première	vorab
avoir *irr* de succès	Erfolg haben
continuer	fortfahren, weitermachen
caprice *f*	Laune
bouder qc	*hier*: einer Sache fernbleiben
rumeur *f*	Gerücht
autorisé	genehmigt
obtenir	erhalten

– Et ce Rossignol ?

– Il paraît qu'il est très en colère. Il a perdu beaucoup d'argent à cause d'elle. »

Exercice 10 : Trouvez l'intrus. Welches Wort ist das „schwarze Schaf"? Unterstreichen Sie!

Beispiel: chat   chien   cheval   homme

1. policier   commissariat   uniforme   paparazzi
2. journal   bureau   appareil-photo   flash
3. argent   payer   samedi   financer
4. voiture   printemps   automne   hiver

À vingt et une heures, Étienne Valmont est autorisé à rentrer chez lui. Adeline, elle, a encore un rendez-vous[i]. Elle prend sa voiture. Elle va dans une clinique privée à côté de Cannes. C'est une clinique psychiatrique. Thierry Durand est resté plusieurs semaines dans cette clinique. C'est Saad qui a obtenu cette information. Le médecin de Thierry Durand a accepté de rencontrer Adeline. Même s'il est déjà tard.

« Bonjour Docteur.

– Bonjour Commissaire.

– Qu'est-ce que je peux faire pour vous ?

> Vorsicht! Doppelte Bedeutung! Der Begriff *Rendez-vous* hat im Französischen zwei Bedeutungen: er bedeutet entweder wie im Deutschen „Rendezvous" (privater Art) oder auch „Termin" (beruflicher Art).

– Thierry Durand est un de vos patients.

– Oui. Mais je dois respecter le secret médical : je ne peux pas vous donner d'infor-mations.

– J'ai seulement une question, Docteur : est-ce que vous pensez qu'il est **capable de commettre un crime** ? »

Le docteur est choqué.

« Un crime ? Quel crime ?

– Un **enlèvement** ou un meurtre.

– Thierry Durand est très

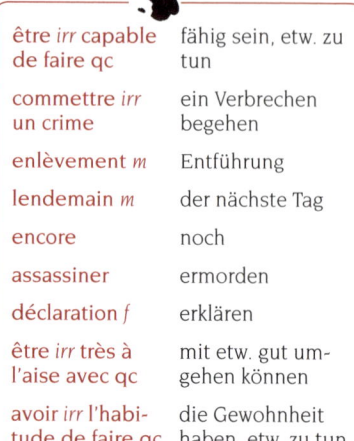

être *irr* capable de faire qc	fähig sein, etw. zu tun
commettre *irr* un crime	ein Verbrechen begehen
enlèvement *m*	Entführung
lendemain *m*	der nächste Tag
encore	noch
assassiner	ermorden
déclaration *f*	erklären
être *irr* très à l'aise avec qc	mit etw. gut umgehen können
avoir *irr* l'habitude de faire qc	die Gewohnheit haben, etw. zu tun

impulsif mais il n'est pas du tout organisé.

– Je vous remercie, Docteur. »

Le **lendemain** matin, il y a **encore** beaucoup de paparazzis devant le commissariat de police de Cannes. Quand le célèbre producteur Rémi Rossignol arrive, les journalistes lui posent des questions. Et les paparazzis le prennent en photo.

« Monsieur Rossignol ! Monsieur Rossignol, s'il vous plaît ! Avez-vous des informations sur l'enquête ?

– On dit que Catherine Saint-Luc a été **assassinée** !

– Il paraît que le crime ressemble à l'intrigue du film « Le Plaisir de tuer » !

– Monsieur Rossignol, une **déclaration** ! »

Adeline regarde par la fenêtre. Rémi Rossignol **est très à l'aise avec** les médias. On voit qu'il **a l'habitude de** parler devant la presse.

« Mesdames et Messieurs, je vous en prie ! Je vais faire une déclaration en sortant[i] du commissariat ! »

Bientôt, Rémi Rossignol est assis devant Adeline et Saad.

« Monsieur Rossignol, qui connaît le scénario du film « Le plaisir de tuer » ?

– Toute l'équipe de réalisation, les autres producteurs et moi,

réalisation f	*hier*: Regie
membre	Mitglied
soupçonner	verdächtigen
en particulier	besonders, im Besonderen
ne que	nur
ne rien	nichts
réfléchir	nachdenken, überlegen

et bien sûr le personnel de Catherine. Ce sont des centaines de personnes. Et depuis hier, la presse et les membres du jury du festival. Comme toutes les grandes stars internationales, Catherine Saint-Luc a beaucoup d'ennemis, surtout des personnes qui sont jalouses.

– Est-ce que vous soupçonnez quelqu'un en particulier ?

– Qu'est-ce que vous voulez dire ?

– Les informations sur le film.

– Comment ça ? »

C'est maintenant Saad qui parle :

> Das Gerundium wird im Französischen durch die Präposition *en* + Verb im Partizip Präsens gebildet. Damit drückt man die Gleichzeitigkeit zwischen zwei Handlungen aus: „Il parle en dormant" lässt sich zum Beispiel durch „Er spricht im Schlaf" übersetzen.

« Nous avons un meurtre sans victime, dans un hôtel. C'est exactement comme dans le film. »

Rémi Rossignol est surpris.

« Vous… Vous connaissez le film ? Mais il ne sort au cinéma que la semaine prochaine ! »

Les deux policiers ne disent rien. Rémi Rossignol réfléchit.

« Oui… C'est comme une scène du film… Mais ça ne veut rien dire !

– Quelles étaient vos relations avec Madame Saint-Luc ? »
La question d'Adeline dérange Rémi Rossignol. Il répond : « Excellentes ! Elles sont…Euh, je veux dire : elles étaient excellentes ! Catherine a commencé sa carrière avec moi il y a maintenant plus de vingt ans ! Si vous cherchez quelqu'un qui déteste Catherine, parlez à Bérengère Charrier ! »

Adeline et Saad sont très surpris.

« Son assistante ?

– Catherine lui promet un rôle dans un film depuis des années. Mais elle ne l'a jamais fait ! »
À midi, Adeline déjeune dans une brasserie avec Saad. Elle lit les déclarations des suspects.

Exercice 11 : La négation. Lesen Sie weiter und ergänzen Sie den folgenden Textabschnitt mit der passenden Verneinungsform!

ne pas pouvoir	ne jamais se disputer	
ne rien savoir	ne plus être	n'avoir que

Adeline **1.** nur haben ___n'a que___ , les témoignages de Bérengère Charrier, de Thierry Durand, d'Étienne Valmont et de Rémi Rossignol. Le médecin de Thierry Durand dit qu'il **2.** nicht können _____ commettre un crime aussi bien organisé. Bérengère Charrier dit qu'elle

3. nichts wissen _____. Étienne Valmont

4. nicht mehr sein _____ suspect mais

Adeline n'**a pas confiance en lui**. Et Rémi Rossignol dit qu'il

5. nie Streit haben _____ avec Catherine

Saint-Luc.

Adeline réfléchit. Saad demande :

« Qu'est-ce que tu en penses ? Tu as une proposition ? »

– Je suis d'accord avec toi : un des suspects est le coupable mais…

– Quoi ? »

Adeline ajoute :

« Où est le **corps** ?

– Aucune idée. Mais une chose est sûre : c'est la première fois que nous avons un meurtre sans victime. »

Adeline ne réagit pas. Saad demande :

« Tu m'écoutes ? »

Adeline répond :

« Et si… »

C'est alors que le **serveur** apporte le dessert. Saad demande :

« Et si quoi ? »

déranger	stören
chercher	suchen
promettre *irr*	versprechen
ne jamais	nie
brasserie *f*	*hier*: Gaststätte
témoignage *m*	Zeugenaussage
avoir *irr* confiance en qn/qc	jmd./etw. vertrauen
corps *m*	*hier*: Leiche
serveur *m*	Kellner

Adeline mange sa mousse au chocolat.

« Non, rien, c'est juste une idée. »

En début d'après-midi, Adeline et Saad sont au commissariat. Un expert-psychiatre a parlé à Thierry Durand.

« Votre avis ? »

Thierry Durand sort de la salle d'interrogatoire. Il y a deux policiers en uniforme avec lui. Il crie :

« Catherine est morte ! Catherine est morte ! Et moi… ! »

Saad lui demande :

« Et vous quoi, Monsieur Durand ?

– Bodega Bay ! Bodega Bay ! »

Übung 12: Mots cachés. Finden Sie acht Begriffe im Gitternetz, die mit dem Film-Festival zu tun haben.

E	P	D	Q	F	A	F	E	L	P
C	A	N	N	E	S	O	C	U	A
O	P	R	A	S	T	I	R	S	L
L	A	I	S	T	A	R	O	F	M
I	R	S	A	I	R	V	I	I	E
S	A	T	M	V	E	T	S	M	I
A	Z	O	D	A	C	T	E	U	R
M	Z	U	H	L	O	S	T	N	E
U	I	M	A	L	E	N	T	O	C
P	R	O	D	U	C	T	E	U	R

4 Tout ça, c'est du cinéma !

Thierry Durand crie très fort. L'expert-psychiatre dit que l'homme doit retourner à la clinique. Il dit :

« Pour moi, monsieur Durand n'est pas coupable.

– Pourquoi ?

– Les harceleurs de stars ne sont normalement pas dangereux.

– Normalement, répète Saad.

– Si monsieur Durand est coupable, il doit aller dans une clinique et pas en prison.

Tout ça, c'est du cinéma !	Das ist alles nur Theater!
fort	*hier*: laut
harceleur *m*	Stalker
répéter	wiederholen
justement	gerade
bien	*hier*: tatsächlich

Il est malade. Il croit vivre dans le monde du cinéma.

– Justement, je crois que c'est du cinéma [i]. »

Bientôt, un policier en uniforme apporte un fax. Adeline demande :

« Qu'est-ce que c'est ? »

Saad répond :

« C'est le laboratoire : le sang de la suite est bien le sang de Catherine Saint-Luc. »

Adeline n'est pas contente.

« Qu'est-ce qu'il y a ? »

> Achtung, Redewendung! Die beiden Ausdrücke „C'est du cinéma !" und „C'est de la comédie !", sind nicht wortwörtlich zu verstehen, sondern im Sinne von „jmd. etw. vorspielen"/ „jmd. täuschen". Hier ist gemeint, dass Saad daran zweifelt, dass Thierry Durand wirklich geisteskrank ist.

La commissaire ne répond pas. Elle regarde les photos prises à l'Hôtel des Stars. Elle crie et elle jette les photos par terre.

« C'est impossible ! »

Saad lui dit :

« Calme-toi ! »

Adeline explique :

« Si Catherine Saint-Luc est morte, où est son corps ? Un corps ne peut pas disparaître ! »

Saad précise :

« J'ai regardé les vidéos de surveillance de l'hôtel. J'ai

jeter *irr* par terre	auf den Boden werfen
disparaître *irr*	verschwinden
préciser	genauer schildern
vidéo *m* de surveillance	Überwachungs-video
sûr	sicher
monter le son	den Ton lauter stellen
chaîne *f*	*hier*: Kanal, Sender
à l'étranger	im Ausland
sursauter	hochschrecken

vu Thierry Durand entrer par le parc de l'hôtel. Je suis sûr que c'est lui !

– Si Thierry Durand est le tueur, il a caché le corps. Mais où ? Et pourquoi ? Et pourquoi est-ce qu'on ne le trouve pas ? Et pourquoi est-il resté dans l'hôtel ?

– Tu as entendu l'expert-psychiatre : il est fou. »

Saad va vers la télévision. Il monte le son. C'est une interview de Rémi Rossignol. On parle maintenant du thriller « Le plaisir de tuer » sur toutes les chaînes, même à l'étranger.

« Le crime profite au film, dit Adeline.

– Oui, c'est du cinéma… »

Adeline sursaute.

« Qu'est-ce que tu as dit ? »

Saad répète :

Übung 13: Phrases en *si*. Setzen Sie die zwei Satzteile zusammen, um die Bedingung zu äußern!

Exemple : Monsieur Durand est coupable / aller en clinique
Si Monsieur Durand est coupable, il doit aller en clinique.

1. Adeline a une idée / vérifier

_____

2. Saad croit que c'est Thierry Durand / le prouver

_____

3. Bérengère Charrier est suspecte / être interrogée

_____

4. Le corps n'est pas retrouvé / l'enquête continuer

_____

« C'est du cinéma.

– Mais oui, tu as raison ! Je dois parler à Bérengère Charrier
et à Étienne Valmont.

– Maintenant ?

– Oui, appelle-les[i]. »

Bientôt, Bérengère Charrier est dans le bureau d'Adeline.
Il y a aussi Saad.

« Mademoiselle Charrier,
êtes-vous jalouse de Catherine Saint-Luc ? »

La jeune femme ne répond

> Vorsicht! Doppelte Bedeutung!
> Im Französischen heißt *appeler* „rufen/anrufen", während
> *s'appeler* (reflexiv) sich u. a. mit
> „heißen" übersetzen lässt.

pas. Elle est surprise et choquée par la question.

« Je… Non… Enfin…

– Elle vous promet un rôle depuis longtemps, n'est-ce pas ?

– C'est vrai que j'aimerais faire du cinéma, mais… Et Catherine me promet un rôle depuis longtemps. Mais il y a toujours un problème. Et je n'ai jamais de rôle.

– Vous pensez que vous êtes une bonne **comédienne** ?

– J'ai fait une **licence métiers de la scène** et je suis… Enfin j'étais membre d'une troupe de théâtre. J'ai joué au festival d'Avignon !

– Très bien. Alors je vous **propose** un rôle… »

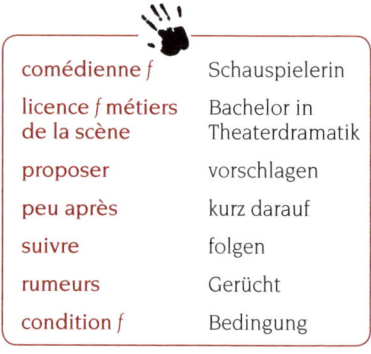

comédienne f	Schauspielerin
licence f **métiers de la scène**	Bachelor in Theaterdramatik
proposer	vorschlagen
peu après	kurz darauf
suivre	folgen
rumeurs	Gerücht
condition f	Bedingung

Peu après, c'est Étienne Valmont qui est dans le bureau avec Adeline et Saad.

« Qu'est-ce que vous me voulez, Commissaire ?

– Vous **suivez** les actrices de cinéma, n'est-ce pas ?

– Oui, je…

– Vous savez beaucoup de choses sur Catherine Saint-Luc ?

– Oui.

– Racontez-moi !

– Vous savez, ce sont surtout des **rumeurs** et… Je ne crois pas que cela vous intéresse.

– Au contraire ! »

Étienne Valmont demande :

« Qu'est-ce que j'y gagne ?

– Le plus grand scoop de votre carrière ! »

Quand Adeline et Saad sont seuls, Saad dit :

« Je ne comprends rien.

– C'est parfait.

– Hein ?

– Ce soir, tu es fou.

– Quoi ?

– Plus on est de fous, plus on rit. Ne t'inquiète pas, tout ça, c'est du cinéma. »

Et Adeline rit. Mais elle est quand même nerveuse.

> Im Französischen lassen sich die meisten adverbialen Formen vom weiblichen Adjektiv ableiten, indem man das Suffix *-ment* anschließt.

Übung 14: Le genre des mots. Suchen Sie die entsprechende weibliche Form im vorherigen Textabschnitt!

Exemple : jaloux (*m*)   jalouse

1. surpris   _____

2. choqué   _____

3. comédien   _____

4. acteur   _____

Nous sommes le soir. Il y a beaucoup de monde devant l'Hôtel des Stars. Ce sont surtout des journalistes et des paparazzis du monde entier. Le scandale est énorme : la star française internationalement connue Catherine Saint-Luc a disparu dans des **conditions** dramatiques ! Quelqu'un a imité le scénario de son dernier thriller !

Il est maintenant tard. Adeline attend dans le bureau du

directeur de l'Hôtel des Stars.
Lucien Malet est très nerveux :
« C'est une mauvaise idée,
commissaire. Je vous répète
que c'est une mauvaise idée.
Et si vous **vous trompez** ?

– Alors ma carrière dans la
police sera terminée.

– Et la mienne, aussi ! Oh, mon Dieu !

– Taisez-vous ! »

Adeline et le directeur regardent un **écran** de télévision. On
voit la suite de Catherine Saint-Luc. La porte s'ouvre. C'est
Rémi Rossignol, le producteur. Il appelle :

« Bérengère ! Bérengère ! »
Bérengère Charrier **apparaît**.

« Vous avez mon argent ?

– Oui, je… »
La jeune femme prend la **mallette**.

« Un million d'euros, vous pouvez vérifier.

– Je vous fais confiance. La prochaine fois, Catherine et
vous me parlerez de vos projets et… »
Tout à coup, une **ombre** apparaît. C'est un homme et… il a
un pistolet ! On entend la voix de Thierry Durand dans la
chambre.

« Où est Catherine ? Je veux voir Catherine ! »
Bérengère Charrier essaie de partir. Mais l'homme **tire**. La
jeune femme **tombe**. Rémi Rossignol a très peur. Il
demande :

« C'est vous, Monsieur Durand ? »

se tromper	sich irren
écran *m*	Bildschirm
apparaître	erscheinen
mallette *f*	Aktenkoffer
ombre *f*	Schatten
tirer	*hier:* schießen
tomber	fallen

La voix répète :

« Je veux voir Catherine ! Je ne peux pas vivre sans elle ! »

Exercice 15 : Au téléphone. Lesen Sie weiter und ergänzen Sie den folgenden Textabschnitt mit dem passenden Begriff!

| numéro | sonneries | décroche | portable | compose |

Rémi Rossignol prend son téléphone <u>portable</u>. Il
1. _____ un 2. _____ . Après deux
3. _____ , quelqu'un 4. _____ . C'est
une voix de femme... C'est Catherine Saint-Luc !

Rémi Rossignol lui dit :

« Catherine, c'est moi. On a un problème… »

L'homme avec le pistolet **change** alors de voix. Il ajoute :

« Vous avez même un gros problème, Monsieur Rossignol. »

Cet homme, c'est… Saad !

Il **allume** les lampes de la suite. Puis c'est Adeline qui arrive avec deux policiers en uniforme. Saad aide Bérengère Charrier à **se relever**.

« Mais, vous… ! »

Saad explique :

« **Balles à blanc**. »

Et Adeline ajoute :

« Mademoiselle Charrier

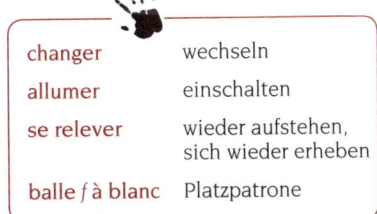

changer	wechseln
allumer	einschalten
se relever	wieder aufstehen, sich wieder erheben
balle *f* à blanc	Platzpatrone

est une excellente actrice. Elle va faire carrière. Quant à vous, Monsieur Rossignol, je pense que votre carrière est terminée. Et celle de Catherine Saint-Luc également. »

Le lendemain, il y a un reportage au journal de vingt heures. Le journaliste montre une vidéo : c'est Catherine Saint-Luc qui est cachée dans un hôtel, dans un petit village de l'**arrière-pays** cannois. Quand elle sort, les gens crient :

« Ouh ! »

Le journaliste interroge l'auteur de la vidéo, un paparazzi qui s'appelle…

arrière-pays *m*	Hinterland
déchu	abgesetzt

Étienne Valmont ! On parle aussi d'une jeune femme qui a aidé la police… Elle s'appelle Bérengère Charrier… Et des producteurs américains l'ont déjà appelée pour faire un film sur cette histoire… Pendant ce temps, Rémi Rossignol et Catherine Saint-Luc s'expliquent devant la justice, devant les assurances et surtout devant les fans !

Au commissariat de Cannes, Adeline et ses hommes regardent aussi la télévision. On voit le ministre de la Culture, qui félicite Adeline et Saad. Les autres policiers applaudissent. Saad dit :

« Le ministre doit être triste. C'est un grand fan de Catherine Saint-Luc. Encore une star **déchue**… »

Saad pose un DVD sur le bureau d'Adeline.

« Qu'est-ce que c'est ?

– Un cadeau pour ta culture cinématographique.

– Les Oiseaux, le film d'Alfred Hitchcock. Pourquoi ?

– Tu te souviens des cris de Thierry Durand, « Bodega Bay, Bodega Bay » ?

– C'est là que se passe l'histoire du film Les Oiseaux. Et Rossignol, c'est un oiseau…
– Tu crois vraiment que… ?
– On a besoin d'une meilleure culture cinéma… pour travailler à Cannes, c'est un minimum ! »
Adeline fait la grimace. Et Saad rit.

Übung 16: Au cinéma ce soir. Markieren Sie die richtige Antwort!

1. Un film qui parle d'amour, c'est une comédie…
   a) ☐ romantique.
   b) ☐ d'aventures.

2. Un film qui se passe dans le futur, c'est un film…
   a) ☐ de cape et d'épée.
   b) ☐ de science-fiction.

3. Un film qui raconte la vie d'une star, c'est un…
   a) ☐ drame.
   b) ☐ biopic.

4. Un film qui se passe à l'époque de Napoléon, c'est un film…
   a) ☐ historique.
   b) ☐ fantastique.

L'hôpital de tous les mystères

Dr. Marc Blancher

Première nuit à l'hôpital

« Papa ! »

Marie-Claude Dorais ouvre la porte de l'appartement. Elle appelle encore :

« Papa ! Tu es là ? »

Elle entend un bruit.

« Miaou ! »

C'est Ulysse. Ulysse est un gros chat tigré. C'est le chat préféré de Georges. Georges, c'est le père de Marie-Claude Dorais.

bruit *m*	Lärm
à la retraite	im Ruhestand
assiette *f*	Teller
bol *m*	Schale, Schüssel
à jeun	nüchtern

C'est un professeur de latin-grec à la retraite. Il a une grande culture. Marie-Claude, elle, est aussi professeure[i], mais de sport.

« Papa, c'est l'heure ! »

Marie-Claude entend du bruit dans la cuisine. C'est un bruit d'assiettes. Quand elle entre, Marie-Claude voit Georges à table. Il boit un bol de café.

« Papa ! Tu dois être à jeun pour l'opération !

Im Französischen sind manche Berufsbezeichnungen wie *docteur, écrivain, ingénieur* oder auch *professeur* lange ohne weibliche Form geblieben. Man sagte zum Beispiel „Madame le Professeur" usw. Heutzutage ist zwar für alle Formen eine weibliche Deklination möglich, aber es bleibt immer noch umstritten, ob diese Formen verwendet werden oder nicht. Manche Personen sagen auch heute noch lieber „Madame le Professeur" als „Madame la Professeure".

– Oh là là ! Ne me stresse pas, s'il te plaît ! Je bois juste un café… C'est peut-être le dernier, alors j'**en profite** ! »

Georges a soixante-quinze ans et il n'aime pas l'hôpital.

« Papa, je t'en prie ! Ce n'est qu'une opération de la **hanche**, rien de grave !

– À mon âge, on ne sait jamais…

– Allez ! Où est ton sac ?

– Sur mon lit. »

Marie-Claude prend le sac et Georges prend sa **canne**. Il dit au revoir à Ulysse.

« À bientôt, mon ami ! Enfin, j'espère… !

– Papa… !

– Alea jacta est. »

Marie-Claude n'est pas contente.

« Qu'est-ce que ça veut dire ?

– **Le sort en est jeté**. C'est une citation de Jules César. »

profiter de qc	etw. genießen
hanche *f*	Hüfte
canne *f*	Krücke, Gehstock
Le sort en est jeté	Die Würfel sind gefallen.
garer	parken
avoir *irr* raison	recht haben
accueil *m*	Empfang
service *m*	*hier:* Abteilung
à droite	rechts
au bout du couloir	am Ende des Flurs
infirmière *f*	Krankenschwester
souriant	freundlich
soigner	pflegen
montrer	zeigen

Une demi-heure plus tard, Marie-Claude et Georges arrivent sur le parking de la Clinique des Tilleuls. Georges dit :

« Tu **es** mal **garée** !

– Papa… ! »

Georges est un homme très gentil. Mais il est aussi très

critique avec tout le monde. Et il aime beaucoup **avoir raison** ! Il fait tout le temps des citations en latin. Et il parle souvent de la mythologie antique.

À l'**accueil**, Marie-Claude parle à la secrétaire :

Exercice 1 : Ordre chronologique. Lesen Sie weiter und bringen Sie die Sätze in die richtige Reihenfolge!

« **a)** – Georges Dorais. C'est pour une opération de la hanche.

b) – Quel est son nom ?

c) Bonjour Madame. Mon père a rendez-vous a dix heures.

d) – Le **service** d'orthopédie est **à droite, au bout du couloir.** »

1	2	3	4

Bientôt, Marie-Claude et Georges Dorais arrivent à l'**accueil** du service d'orthopédie. L'**infirmière** s'appelle Sophie. C'est une jeune femme blonde aux yeux bleus. Elle est très **souriante**.

« Bonjour Monsieur Dorais.

– Bonjour Mademoiselle. »

Georges Dorais trouve Sophie sympathique.

« Comment allez-vous ?

– J'ai mal à la hanche.

– Nous allons vous **soigner**. Vous venez ? Je vous **montre** votre chambre. »

La chambre de Georges est la dernière du couloir. Il n'est pas content. Il demande :

« C'est une chambre à deux lits ?

– Oui. Nous n'avons plus de **chambres indivi-duelles**. »

Georges dit :

« Moi, je **préfère** être seul !

– Ne vous inquiétez pas : **pour l'instant**, vous êtes seul. Vous n'avez pas de **voisin de chambre**. »

chambre f **individuelle**	Einzelzimmer
préférer	vorziehen, lieber mögen
pour l'instant	im Augenblick
voisin m **de chambre**	Zimmernachbar
poser	*hier*: hinlegen
prise f **de sang**	Blutentnahme
radio f	Radio
médecin m	Arzt
sonner	klingeln

Sophie prend le sac de Georges. Elle le **pose** dans le placard.

« C'est votre placard. Vous avez le lit côté fenêtre. Je vous laisse vous installer. Je reviens plus tard pour la **prise de sang** et pour la **radio**. Le **médecin** va venir vous voir. Si vous avez un problème, vous pouvez **sonner**. À plus tard ! »

Exercice 2 : Les professions. Verbinden Sie die folgenden Beschreibungen mit dem passenden Beruf!

Exemple : Il vend des produits.   le vendeur

1. Il apprend des choses aux autres.   a) l'infirmière

2. Elle s'occupe des malades.   b) le médecin

3. Elle s'occupe des dossiers.   c) le professeur

4. Il soigne les malades.   d) la secrétaire

Marie-Claude s'en va une heure plus tard. Georges est très nerveux. Il n'aime pas l'hôpital. Il ne veut pas se faire opérer. Le médecin vient le voir. C'est un grand homme très maigre. Il a l'air très sévère.

« Bonjour Monsieur Dorais.

– Bonjour Docteur.

– Tout va bien ?

– Oui… Enfin…

– Vous êtes nerveux ?

– Un petit peu, oui.

– Il ne faut pas vous inquiéter [i]. Tout va bien se passer. »

À dix-huit heures, c'est l'heure du dîner. Mais Georges Dorais a seulement une soupe. Et demain, pour le petit déjeuner, rien du tout ! Avant une anesthésie, il ne faut pas manger. Georges Dorais avale sa soupe puis il va se promener dans l'hôpital. Il passe devant le bureau des infirmières. Sophie est déjà partie. Son service s'est terminé à 14H00. Après elle, il y a une autre infirmière, Cathy. Elle aussi part maintenant.

s'en aller	weggehen
avoir *irr* l'air	aussehen, wirken, scheinen
sévère	streng
enfin	schließlich
rien du tout	überhaupt nichts
avaler	schlucken
passer devant	vorbeilaufen
service *m*	Dienst

Mit der Redewendung *il faut* + Infinitiv drückt man eine Notwendigkeit aus. Den Satz „Il ne faut pas vous inquiéter" übersetzt man daher mit „Sie brauchen sich keine Sorgen zu machen" Der Satz „Il faut partir" lässt sich mit „Wir müssen gehen" übersetzen.

« À demain, Monsieur Dorais !

– J'espère, Mademoiselle, j'espère…

– Mais oui, tout va bien se passer ! Ne vous inquiétez pas ! Bonne soirée !

– Bonne soirée ! »

C'est un homme qui **remplace** Cathy. Il s'appelle Adrien. Comme Sophie, il a environ trente ans. Il est petit et très **carré**. Georges pense qu'il fait beaucoup de sport, **sans doute** de la musculation. Il a une grosse voix. Il demande :

« Où allez-vous ?

– Faire un petit **tour**.

– Vous n'avez pas le droit de quitter le service !

– Je vais juste dans le hall et je reviens.

– Très bien ! Mais vous revenez vite ! »

À dix-neuf heures trente, Georges est dans sa chambre. Il n'a pas **loué** de télévision. Georges n'aime pas les nouveaux

remplacer *irr*	ersetzen
carré	*hier*: breitschultrig
sans doute	wahrscheinlich
tour *m*	Runde
loué	geliehen
Antiquité *f*	Altertum
gréco-romaine	griechisch-römisch
relire *irr*	noch einmal lesen
Troie	Troya
éteindre *irr*	ausmachen
marmonner	murmeln
s'endormir	einschlafen

médias. Chez lui, il n'a pas Internet et pas de télévision. Juste un vieux téléphone. Sa fille dit qu'il n'est pas moderne. Et c'est vrai ! Georges préfère l'**Antiquité**. Il aime beaucoup la mythologie **gréco-romaine**. Ce soir, il **relit** l'histoire de la Guerre de **Troie**.

À vingt et une heures, Adrien entre dans la chambre.

« Allez ! Il faut **éteindre** ! »

Georges n'est pas content. Il veut lire. Il **marmonne** :

« Grrr ! Je ne suis plus un enfant ! »

Mais il va dans la salle de bains. Dix minutes plus tard, il est au lit. Il n'arrive pas à **s'endormir**. Il est trop nerveux. L'opération lui fait peur.

Exercice 3 : Le présent. Setzen Sie die korrekte Verbform im Präsens ein!

1. Je être _____

2. Elle faire _____

3. Il vouloir _____

4. Nous aller _____

Tout à coup, Georges sursaute. Il a entendu un cri. C'est la voix d'un homme. Puis il entend des bruits de pas dans le couloir. Des personnes qui courent.

« Mais qu'est-ce qui se passe ? »

Georges se lève. Il enfile ses pantoufles. Il ouvre la porte de sa chambre. Il regarde à droite, à gauche. Rien. Il marche alors dans le couloir. Il va vers le bureau des infirmières. À côté du bureau, il voit Adrien. L'infirmier demande :

« Qu'est-ce que vous faites là, Monsieur Dorais ? »

Adrien a l'air en colère.

« Vous devez dormir ! »

tout à coup	plötzlich
sursauter	hochschrecken
cri *m*	Schrei
bruit *m*	Lärm
pas *m*	Schritt
courir	rennen
enfiler	anziehen
marcher	laufen
avoir *irr* l'air	aussehen, wirken
en colère	wütend
raccompagner	zurückbegleiten

L'infirmier raccompagne Georges Dorais dans sa chambre. Le vieil homme explique :

« J'ai entendu du bruit dans le couloir.

– Vous avez dû **rêver**. »
Georges boit un verre d'eau. Adrien lui dit :
« Après **minuit**, vous n'avez plus le droit de manger et de boire, c'est clair ? »
Georges commence à s'endormir. Il pense **surtout** à son opération de la hanche. Mais il pense aussi à Marie-Claude, sa fille, et à Stéphane, son petit-fils. Stéphane a dix-sept ans. Il va au **lycée**. Il aime beaucoup le sport, surtout les **arts martiaux**. Mais il n'aime pas beaucoup les **matières** classiques comme le grec ou le latin.

Georges **a l'impression** que ses yeux se ferment très vite. Il est presque endormi quand la porte de la chambre s'ouvre. Il voit une personne en **blouse blanche**. Ce n'est pas Sophie… Non, bien sûr ! C'est un homme, mais… Ce n'est pas non plus Adrien ! C'est un autre infirmier. Il **pousse** un lit avec un malade. La porte de la chambre s'ouvre alors une nouvelle fois. Georges Dorais **aperçoit** la lumière mais, ensuite, il s'endort…

« Allez, on **se réveille** ! »
Pas de réaction.
« Allez, **debout**, Monsieur Dorais ! »

rêver	träumen
minuit *f*	Mitternacht
surtout	vor allem
lycée *m*	Gymnasium
arts *m pl* martiaux	Kampfkunst
matière *f*	*hier:* Schulfach
avoir *irr* l'impression	den Eindruck haben
blouse *f* blanche	weißer Arbeitskittel
pousser	schieben
apercevoir	bemerken
se réveiller	aufwachen
Debout !	Aufstehen!
bouger	bewegen
faire *irr*	*hier:* wählen

Georges commence à bouger. Il ouvre les yeux.

« Comment allez-vous, Monsieur Dorais ? Vous avez bien dormi ?

– Quelle heure est-t-il ?

– Il est six heures trente.

– Où… Où est mon voisin ?

– Qui ?

– L'homme… L'homme qui était là, cette nuit, à côté de moi… »

Sophie lui montre le lit vide. Le lit est fait.

« Monsieur Dorais, il n'y a jamais eu personne à côté de vous. Vous avez dû rêver. »

Exercice 4 : Vrai ou faux. Welche Aussagen sind korrekt? Markieren Sie mit richtig ✔ oder falsch - !

1. Marie-Claude est la fille de Georges Dorais. ☐

2. Georges Dorais doit être opéré de la hanche. ☐

3. Sophie travaille l'après-midi. ☐

4. Adrien ne fait pas de sport. ☐

Disparitions

Georges Dorais se lève. Il regarde le lit. Il a les **poings** sur les hanches.

« Mais… Mais c'est impossible ! »

Sophie ouvre les **rideaux**. Nous sommes au mois de juin. Il fait déjà jour. Le soleil **brille**. Sophie dit :

disparition *f*	Verschwinden
poing *m*	Handgelenk
rideau *m*	Vorhang
briller	scheinen
sûr	sicher
ajouter	hinzufügen

« Regardez ce beau temps ! »

Mais Georges Dorais n'écoute pas. Il regarde encore le lit.

« Je suis **sûr** que…

– Vous êtes nerveux ? »

Georges Dorais s'énerve.

« Bien sûr ! »

Sophie continue de parler.

« Vous n'avez aucune raison. »

Georges répond :

« Bien sûr que si ! »

Sophie **ajoute** :

> Mit *quelque* und einem weiteren Element kann man verschiedene Ausdrücke bilden, wie zum Beispiel *quelque chose* („etwas") oder *quelqu'un* („jemand"). In der Verneinung von *quelque chose* und *quelqu'un* sagt man *rien* statt („nichts") und *personne* für („niemand").

« Monsieur Dorais, ce n'est pas quelque chose[i] de grave.

– Bien sûr que c'est grave ! »

Maintenant, Georges Dorais est très énervé.

« Il a **disparu** ! »

Sophie comprend qu'ils ne parlent pas de la même chose.

« Monsieur Dorais ! Il n'y a personne d'autre dans cette chambre !

– Maintenant, non ! Mais avant, oui ! »

Sophie **hausse** les **épaules** et **quitte** la chambre.

« L'anesthésiste va venir vous voir. »

Mais Georges ne fait pas attention. Il est concentré sur le lit.

« Je suis sûr qu'il y avait quelqu'un. »

Georges Dorais a mal à la hanche mais il regarde **sous** le lit. Il voit un petit objet. Il **se baisse** pour le **ramasser**. C'est une…

disparaître *irr*	verschwinden
hausser les épaules	mit den Schultern zucken
quitter	verlassen
sous	unter
se baisser	sich bücken
ramasser	aufheben

Exercice 5 : Devinette. Enträtseln Sie das Lösungswort, um herauszufinden, was Georges Dorais unter dem Bett gefunden hat!

1. Quand il fait beau, le soleil ☐ __ __ __ __ __.

2. Le prénom de la fille de Georges Dorais :
   __ ☐ __ __ __ __ - __ __ __ __ __ __.

3. Un synonyme du verbe « voir » : __ __ ☐ __ __ __ __ __.

4. Une expression de Georges : « __ __ __ __ __ __ ☐ __ ! »

5. Sophie est __ __ __ __ __ __ ☐ __ __.

   Lösung: __ __ __ __ __

Georges Dorais **examine** la **bague**. C'est une belle bague en or. Il pense que c'est une **alliance**. Il se dit :

« Je n'ai donc pas rêvé. »

examiner	untersuchen
bague *f*	(Finger-)Ring
alliance *f*	Ehering
apparemment	anscheinend
emmener	mitnehmen
bloc *m* (opératoire)	Operationssaal, OP

Une heure plus tard, Sophie entre dans la chambre avec deux autres personnes en blouse blanche. Une des deux personnes dit :

« Bonjour Monsieur Dorais. Vous avez bien dormi ? »

Georges Dorais ne répond pas. Il fait une grimace. La personne demande :

« Vous avez vu l'anesthésiste ?

– Non. »

Et Georges Dorais ajoute en regardant Sophie :

« Et j'en suis sûr. »

Les deux personnes en blouse blanche regardent le dossier de Georges Dorais. Il a raison. L'anesthésiste n'est pas venu le voir.

« Sophie, tu as vu le docteur Manoukian ? »

L'infirmière fait non de la tête[i]. La personne demande à son autre collègue :

« Et vous ? »

Apparemment, personne n'a vu le docteur Manoukian.

« Nous ne pouvons pas vous **emmener** au **bloc** si vous n'avez pas vu l'anesthésiste. »

Die Wendung *faire non de la tête* heißt wörtlich übersetzt „mit dem Kopf nein machen". Das entspricht dem deutschen „den Kopf schütteln". Dementsprechend existiert auch die Wendung *faire oui de la tête* („nicken").

Georges Dorais sourit. Il est content. Sophie et les deux autres personnes en blouse blanche sortent alors de la chambre. Elles partent à la recherche du docteur Manoukian.

Maintenant, il est quatorze heures quinze. Georges Dorais est assis sur son lit. Il finit de relire la guerre de Troie. Pour l'instant, pas d'opération ! Et avant l'opération, il n'a pas le droit de manger et de boire. Et il a maintenant très faim et très soif.

à la recherche de qc	auf der Suche nach etw.
Entrez !	Herein!
adolescent *m*	Jugendlicher
# ouais	ja
châtain	kastanienbraun
basket *m*	Turnschuh
passer	*hier*: bestehen
bac (baccalauréat)	Abi(tur)

On frappe alors à la porte de sa chambre. Est-ce le docteur Manoukian ?

« Entrez ! »

C'est un adolescent qui entre.

« Salut ! »

Georges Dorais fait la grimace.

« Salut ? On dit « bonjour » !

– Ouais, ouais. »

L'adolescent s'appelle Marc. Il est grand. Il a les cheveux châtains et de grands yeux bleus. Il est très sportif et très musclé. Il porte souvent un pantalon de jogging, de grosses baskets, un t-shirt et une casquette. Marc a dix-sept ans. Il va bientôt passer son bac de français. Mais l'école ne l'intéresse pas beaucoup : il préfère le sport, surtout le basket-ball, et le RnB.

Exercice 6 : Le gérondif. Setzen Sie die Verbform ins Gerondium!

Exemple : chanter   en chantant

1. sortir   en _____

2. aller   en _____

3. être   en _____

4. avoir   en _____

Marc a de gros écouteurs sur les oreilles. On entend la musique très fort.

« Tu ne peux pas arrêter ça, s'il te plaît ! »

Marc est un adolescent assez difficile. Sa mère, Marie-Claude, est divorcée. Et, depuis le divorce, Marie-Claude et Marc ne s'entendent pas bien. Mais Marc aime beaucoup son grand-père et il le respecte. Pour lui, c'est l'homme le plus instruit et le plus intelligent.

écouteur *m*	Kopfhörer
arrêter	*hier*: aufhören
divorcé	geschieden
s'entendre	sich verstehen

« Tu n'as pas encore été opéré, papy[i] ? »

Georges Dorais fait la grimace. Lui aussi aime beaucoup son petit-fils mais il n'aime pas qu'on l'appelle « papy ». Il a l'impression d'être très vieux.

> Vorsicht! *Faux ami* ! Im Deutschen bezeichnet man mit „Mami" und „Papi" die Eltern. Im Französischen sind *mamie* (oder *mémé*) und *papy* (oder *pépé*) die Großeltern. Die Eltern sind *maman* und *papa*.

« Non.

– Pourquoi ?

– L'anesthésiste n'est pas venu.

– Aïe ! Maman va encore gueuler. »

Sophie entre alors dans la chambre. Elle apporte un plateau-repas pour Georges.

« Je suis désolée, Monsieur Dorais. Votre opération est reportée à demain. »

Georges Dorais n'est pas content du tout.

« La bonne nouvelle, c'est que vous pouvez manger ! »

Sophie fait un grand sourire à Georges Dorais et à Marc. Marc est tout rouge.

Quand Sophie est sortie, Georges Dorais dit à Marc :

« Tout va bien, mon grand ? »

Marc regarde encore la porte de la chambre.

« Moi ? Oui… Je… »

Georges Dorais rit beaucoup.

« Ah ! Ah ! Ah !

– Qu'est-ce qui te fait rire ?

– Mon petit-fils est sous le charme. Tu as raison : elle est très jolie. Et je pense qu'elle est célibataire.

– Mange ta soupe, papy ! »

Marc fait semblant d'être fâché. Mais il sait que son grand-père a raison.

instruit	belesen
petit-fils	Enkel
Aïe !	Au!
⚡ gueuler	schreien
alors	dann
reporté	verschoben
plateau-repas	Tablett
apporter	bringen
rire	lachen
sous le	fasziniert
charme	
jolie	hübsch
célibataire	ledig, allein-stehend, nicht vergeben
faire *irr* semblant de	so tun als ob
fâché	wütend

Exercice 7 : Trouvez l'intrus. Welches Wort passt nicht in die Reihe? Unterstreichen Sie!

Beispiel: infirmière   médecin   anesthésiste   professeur

1. papy   mémé   petit-fils   mamie
2. adolescent   jeune   enfant   vieux
3. marié   grand-père   divorcé   célibataire
4. colère   aimer   charme   jolie

Plus tard, Georges et Marc se promènent dans les couloirs de la clinique.

« Ta hanche te fait mal, papy ? »

Georges Dorais répond :

« Oui. Je suis vieux, Marc. »

Son petit-fils est un petit peu inquiet. Il lui dit :

« Mais non, mais non, papy. Tu es encore très en forme pour ton âge. »

Georges Dorais regarde son petit-fils.

« Tu as **révisé** ton bac de français ? »

Marc ne répond pas.

« Alors, mon grand ? »

L'adolescent **soupire**.

« **Nan**, j'ai pas envie… Mais ça va aller… Personne révise[i] et tout le monde l'a.

réviser	*hier*: für eine Prüfung lernen
soupirer	seufzen
⚡ nan	Nö

In der gesprochenen Sprache fällt das *ne* wie z.B. bei „Je ne viens pas" („Ich komme nicht") oder „Personne ne révise." („Niemand bereitet sich auf die Prüfung vor") meist weg.
In der geschriebenen Sprache ist dies allerdings ein Rechtschreibfehler!

– O tempora, o mores ! »

Marc s'arrête.

« Papy ! Si tu parles latin, je ne comprends rien ! »

Georges Dorais explique :

« C'est une citation de Cicéron.

– C'est un joueur de basket ? »

Georges Dorais est presque en colère. Marc commence alors à rire très fort.

« Ah ! Ah ! Ah ! Papy, c'est très facile de te manipuler ! »

Georges Dorais sourit et Marc dit :

« Je sais qui était Cicéron. J'ai fait du latin au collège. Mais…

– Tu ne sais pas ce que cela veut dire.

– Non.

– Hé bien cela veut dire que je ne comprends pas ta génération. »

Ils sont maintenant devant le tableau de présentation du service d'orthopédie. Georges dit :

« Tu vois, si tu veux devenir médecin, comme ces femmes et ces hommes qui travaillent ici, il faut que tu travailles plus.

Cicéron	Cicero
collège	Sekundarstufe
suivre *irr*	folgen

– Papy ! Je t'ai déjà dit que je veux faire de la musique ou du sport plus tard !

– Je… Oh, mon Dieu !

– Qu'est-ce qu'il y a ? »

Marc ne comprend pas mais il suit son grand-père.

Je suis à l'hôpital. Je me promène avec mon grand père. On parle du bac de francais. Je lui dis que je révise pas. Il me dit que je dois travailer pour être docteur. Il regarde le tableau du service d'orthopédie. Et il crit :

« Viens avec moi ! Je vas te montrer que je ne suis pas facile à manipuler ! »

1. <u>grand-père</u>   2. _____

3. _____   4. _____

5. _____   6. _____

3 De mystère en mystère

Sophie sort des **vestiaires**. Elle **vient de** se changer. Les

infirmières font les « trois-
huit » : cela veut dire que
chaque infirmière travaille
huit heures. La première de
six à quatorze heures, la deuxième de quatorze à vingt-
deux heures et la troisième
de vingt-deux heures à six
heures. Dans le service d'or-

mystère *m*	Rätsel
vestiaires *m pl*	Umkleide
venir de faire *irr* qc	etw. gerade getan haben
se changer	sich umziehen
rencontrer	treffen
réfléchir	nachdenken, überlegen

thopédie, ce sont Sophie, Cathy et Adrien.
Quand Sophie arrive dans la salle de soins, Cathy est déjà
dans le service. Mais elle **rencontre** Georges Dorais et
Marc.

« Tout va bien, Monsieur
Dorais ? »
Georges Dorais **réfléchit**.
« Je peux vous aider ? »
Il veut entrer dans la salle de
soins. Sophie lui dit :
« La salle de soins est ré-
servé au personnel. »
Georges a alors une idée :

Mit der Redewendung *venir de* + Infinitiv drückt man auf Französisch aus, dass man et-was gerade gemacht hat. „Elle vient de se changer." lässt sich daher mit „Sie hat sich gerade um-gezogen." übersetzen. Zur Erinne-rung die Konjugation von „venir" im Indikativ Präsens: *je viens, tu viens, il/elle/on vient, nous venons, vous venez, ils/elles viennent.*

« Vous avez terminé votre service, Sophie ?

– Oui et je…

– Très bien ! Alors venez ! Je vous invite à boire un café à la cafétéria de la clinique !

– Je ne sais pas si… »

Georges la prend par le bras.

« Mais si, mais si ! Allez, venez ! »

Marc ne comprend pas ce qui se passe. Son grand-père marche avec Sophie en direction des ascenseurs.

Exercice 9 : Les mots. Kreuzen Sie die richtige Antwort an!

1. Ein Synonym für „douze heures" ist…
   a) ☐ midi
   b) ☐ minuit

2. Das französische Wort für „Fahrstuhl" ist…
   a) ☐ un escalator
   b) ☐ un ascenseur

3. In diesem Raum kann man sich umziehen:
   a) ☐ les toilettes
   b) ☐ les vestiaires

4. Dieses Kleidungsstück ist bei den Jugendlichen im Trend, wie zum Beispiel bei Marc:
   a) ☐ la casquette
   b) ☐ le casque

« Toi aussi, **grand dadais** ! »

Marc sourit. Il **enlève** sa **casquette**. **Puis** il regarde s'il est bien habillé. Mais il ne comprend toujours pas ce que veut son grand-père.

Plus tard, Sophie, Marc et Georges Dorais sont à la cafétéria. C'est Georges qui **passe la commande** :

« Nous allons prendre deux cafés et un chocolat chaud, s'il vous plaît, Mademoiselle. »

Mais Marc n'est pas d'accord.

« Non, trois cafés, s'il vous plaît.

– Quoi ? Tu bois du café, toi ? »

prendre *irr* qn par le bras	jmd. am Arm packen
ascenseur *m*	Aufzug
grand dadais *m*	Tollpatsch
enlever	abnehmen
casquette *f*	Mütze
puis	dann
passer la commande	*hier*: wählen, bestellen
toucher	berühren
paquet *m* de cigarettes	Päckchen Zigaretten
poche *f*	Hosentasche
pendant que	während

Marc sourit. Il **touche** le **paquet de cigarettes** qui est dans la **poche**[i] de son pantalon. Son grand-père pense qu'il est encore un enfant.

Pendant qu'ils boivent leur café, Georges demande à Sophie :

« Vous connaissez bien le docteur Manoukian ?

– Un petit peu, pourquoi ?

– Il est marié ?

– Je crois, oui, mais… »

Georges Dorais est très concentré.

« Vous êtes sûre que per-

Das deutsche Wort „Tasche" hat im Französischen verschiedene Übersetzungen, je nachdem ob es sich dabei um eine Tasche, die man trägt (*sac*), oder um eine Hosentasche (*poche*) handelt.

sonne n'était dans ma chambre cette nuit ?

– Non, Monsieur Dorais ! Il n'y avait personne ! Nous étions tous les deux, Adrien et moi, ce matin, et nous n'avions que vous dans la chambre. »

Georges Dorais n'est pas content. Il dit :

« Delenda Carthago. »

Sophie est surprise.

« Qu'est-ce que ça veut dire ? »

Marc répond :

« C'est du latin. »

Sophie ironise :

« J'avais compris, merci ! »

Exercice 10 : L'imparfait. Versuchen Sie die zwei folgenden Konjugationstabellen (*avoir* und *être* im Indikativ Imperfekt) zu ergänzen! Behelfen Sie sich dabei mit den Formen aus dem vorherigen Absatz!

avoir	*être*
J' _____.	J' _____.
Tu _____.	Tu _____.
Il/elle/on <u>avait.</u>	Il/elle/on <u>était.</u>
Nous <u>avions.</u>	Nous <u>étions.</u>
Vous _____.	Vous _____.
Ils/elles _____.	Ils/elles _____.

Georges explique :

« C'est une citation de Caton l'Ancien. Cela veut dire que j'ai une idée fixe. »

Sophie s'énerve :

« Ma parole [i] ! Vous êtes têtu ! »

Georges sort alors l'alliance de la poche de son pantalon. Il la pose sur la petite table de la cafétéria. Sophie demande :

« Qu'est-ce que c'est ? »

Georges répond :

l'Ancien	der Ältere
s'énerver	wütend werden
Ma parole !	Meine Rede!
têtu	stur
changer d'avis	die Meinung ändern
s'étrangler	sich verschlucken
perdre *irr* la tête	den Verstand verlieren
morgue *f*	Leichenhalle
sous-sol	Untergeschoss

« Je pense que c'est l'alliance du docteur Manoukian. C'était lui, l'homme dans le lit à côté de moi, cette nuit, dans ma chambre.

– Monsieur Dorais ! Je vous en prie ! »

Mais Georges Dorais ne change pas d'avis.

« Sophie, si vous voulez cacher un corps dans la clinique, vous le cachez où ? »

Marc s'étrangle. Sophie se lève. Elle veut partir.

« Monsieur Dorais, vous perdez la tête ! »

Georges Dorais lui dit encore :

« Sophie, s'il vous plaît ? »

Sophie hausse les épaules.

« À la morgue. Nous avons une morgue au sous-sol. »

Wie in allen Sprachen gibt es im Französischen genügend Ausdrücke, mit denen man zeigen kann, dass man erstaunt ist, im guten oder im schlechten Sinne. Die meisten sind nicht anders zu übersetzen als durch „Ah!" oder „Unglaublich!". Neben *Ma parole* ! gibt es auch *La vache* ! oder *Mon Dieu* !

Exercice 11 : Combinez. Welche der folgenden Elemente gehören zusammen? Ordnen Sie zu!

1. ☐ prendre   **a)** un café
2. ☐ perdre   **b)** d'avis
3. ☐ commander   **c)** l'ascenseur
4. ☐ changer   **d)** la tête

Peu après, Marc et Georges Dorais marchent dans les couloirs de l'hôpital. Marc demande :

« On va où ? »

Georges Dorais répond à son petit-fils :

« À la morgue, bien sûr !

– Mais, papy, on ne peut pas entrer à la morgue comme ça !

– Bien sûr que si. **Fais**-moi **confiance** : j'ai un plan. »

faire *irr* confiance	vertrauen
appuyer	drücken
bouton *m*	Knopf
étage	Stockwerk
décéder	versterben

Quelques minutes plus tard, Marc prend l'ascenseur. Il **appuie** sur le **bouton** du sous-sol. C'est l'**étage** de la morgue. Quand il arrive, un infirmier s'approche et lui dit :

« Jeune homme, vous n'avez pas le droit d'être ici. C'est interdit au public !

– Excusez-moi, mais je cherche mon grand-père.

– Votre grand-père est **décédé** ? »

Marc est choqué.

« Non ! »

L'adolescent **fait** alors tomber sa casquette. Il veut la ramasser mais l'infirmier le fait pour lui.

« Merci…

– Je vous en prie. Vous venez avec moi ? Je vais vous aider à trouver votre grand-père. »

> Im Französischen kann man wie im Deutschen die Wiederholung einer Handlung sprachlich signalisieren. Was man auf Deutsch mit dem Adverb „wieder" ausdrückt, lässt sich auf Französisch durch das Anschließen von *re-* am Anfang des Verbs erreichen: *se refermer* heißt daher so viel wie „sich wieder schließen". Genauso kann man *re-partir*, *r-entrer* usw. bilden.

Marc entre dans l'ascenseur avec l'infirmier. Quand les portes **se referment**[i], il sourit. Lorsque l'infirmier a ramassé la casquette, Georges est discrètement sorti de l'ascenseur.

Maintenant, Georges est seul. Il regarde dans les registres de la morgue. Tous les dossiers sont **complets**, **sauf**…

Pierre Durand. C'est un nom très **fréquent** en France. **D'après** son dossier, il est mort hier soir.

« **Tiens, tiens**… »

Georges veut aller regarder le corps mais…

Une grosse **voix** crie :

« Je peux savoir ce que vous faites là ? »

La clinique est une clinique

faire *irr* **tomber**	fallen lassen
se refermer	sich wieder schließen
complet	komplett, vollständig
sauf	außer
fréquent	häufig
d'après	laut, nach
Tiens, tiens !	Sieh an!
voix *f*	Stimme
propre	eigen
vigile *m*	Wachmann

privée. Et elle a son **propre** service de sécurité. C'est un vigile en uniforme qui parle. Il s'approche de Georges.

« Monsieur ? Qu'est-ce que vous faites ici ? »

Le vigile voit la bague dans sa main. Heureusement, Georges n'est pas idiot. Il fait semblant d'être…

Übung 12: Devinette. Ergänzen Sie das Rätsel, um herauszufinden, was Georges vortäuscht. Il fait semblant d'être…

1. ☐☐☐☐
2. ☐☐☐☐☐
3. ☐
4. ☐☐☐☐
5. ☐
6. ☐☐☐☐☐☐

1. Georges reste… à la morgue.
2. Marc a dix-sept ans, ce n'est plus un… !
3. Pierre Durand est un… très fréquent en France.
4. Quelqu'un qui est intelligent n'est pas…
5. Il y en a deux dans la chambre de Georges.
6. Le contraire de sortir

Lösung: __ __ __ __ __ __

4 Un crime pour en cacher un autre

Le vigile raccompagne Georges Dorais dans sa chambre. Marc est déjà là. Quand le vigile sort, Marc demande :

« Alors ?

– Alors j'ai été vu par le vigile.

– Mais qu'est-ce que tu cherchais[i], papy ?

– Le corps du docteur Manoukian. »

Marc est choqué. Son grand-père lui explique alors sa théorie. Après, Marc lui demande :

« Mais pourquoi ?

– Ça, je ne sais pas encore, mon grand. Mais…

– Tu as un plan.

– En effet, écoute-moi bien… »

Il est maintenant presque vingt-deux heures. Georges Dorais fait semblant de dormir. Cathy a terminé son service. C'est maintenant Adrien qui arrive. Comme

> Das Imperfekt ist nach dem Passé composé die zweithäufigste Zeit der Vergangenheit im Französischen. Sie erlaubt vor allem andauernde und sich wiederholende Handlungen in der Vergangenheit darzustellen. Außer für *être* wird sie wie folgt gebildet: Man lässt die Endung der ersten Person Plural Präsens weg und schließt dafür folgende Endungen an:
> -ais, -ais, -ait, -ions, -iez, -aient
> *Beispiel chercher → nous cherch-ons.*
> Die Konjugation des Verbs *chercher* im Imparfait:
> je cherch-ais
> tu cherch-ais
> elle/il/on cherch-ait
> nous cherch-ions
> vous cherch-iez
> elles/ils cherch-aient

ses collègues, il va dans toutes les chambres du service pour **vérifier** que tout va bien. Quand il sort dans le couloir, on entend une autre voix d'homme qui dit :

« C'est lui que j'ai vu !

– Le vieux Dorais ?

– Il est sénile ?

– **Pénible**, oui, mais pas du tout sénile. »

Quand il entend ça, Georges Dorais fait la grimace. Il murmure :

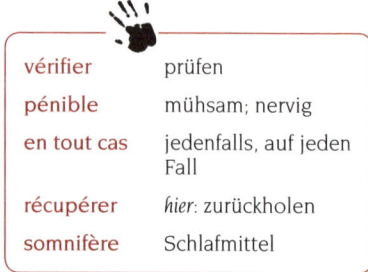

vérifier	prüfen
pénible	mühsam; nervig
en tout cas	jedenfalls, auf jeden Fall
récupérer	*hier*: zurückholen
somnifère	Schlafmittel

« Je ne suis pas pénible… »

Dans le couloir, la conversation continue :

« **En tout cas**, il a l'alliance et il faut la **récupérer**.

– Je ne peux pas, je suis de service.

– OK. Alors donne-lui un **somnifère** et je reviens à **minuit**.

– D'accord. À plus tard. »

Exercice 13 : Familles de mots. Suchen Sie im vorherigen Textabschnitt die entsprechende Form wie im Beispiel!

Substantif	Verbe
le choc	*choquer*
l'explication *(f.)*	_____
la vérification	_____
_____	planifier
converser	_____

Adrien entre dans la chambre de Georges Dorais. Il **allume** la lampe. Georges fait semblant de se réveiller.

« Bonsoir, Monsieur Dorais. Vous devez prendre ce médicament avant[i] l'opération de demain.

– D'accord. Je vais le prendre plus tard. »

Adrien s'énerve.

« Non, non ! Il faut le prendre maintenant ! »

Georges met la **pilule** dans sa bouche. Puis il prend un verre d'eau et il boit. Adrien dit :

> Im Unterschied zum Deutschen macht das Französische keinen Unterschied zwischen dem Lokativ und dem Direktiv. Dafür gibt es oft unterschiedliche Präpositionen, je nachdem ob man die Idee räumlich oder zeitlich meint. Dies ist der Fall mit der Präposition „vor", die sich entweder mit *avant* (zeitlich) oder *devant* (räumlich) übersetzen lässt, wobei es noch eine dritte Variante mit *il y a* gibt. Beispiel: „Vor drei Jahren" → „Il y a trois ans"

« Très bien, Monsieur Dorais ! Bonne nuit et à demain ! »

Et Adrien sort de la chambre. C'est alors qu'une voix dit :

« Papy ? Tout va bien ?

– Oui, oui. Ne t'inquiète pas, mon grand, j'ai fait semblant d'avaler. »

Il est minuit. Georges Dorais fait semblant de dormir. Bientôt, la porte de la chambre s'ouvre. Georges voit seulement une silhouette. Il fait noir. C'est un homme. Il porte une **cagoule** et il a une petite lampe. Il cherche quelque chose dans le **tiroir** de la table de nuit. Marc a un petit peu peur. Mais il sort tout à coup du placard et crie :

« **Haut les mains !** Police ! »

allumer	einschalten
pilule *f*	Pille, Tablette
cagoule *f*	Strumpfmaske
tiroir *m*	Schublade
Haut les mains !	Hände hoch!

Le **voleur** est surpris. Il **repousse** Marc et sort de la chambre en courant. Georges Dorais se lève et crie :

« Au secours ! Au secours ! »

Mais personne ne réagit. Marc et lui sortent dans le couloir. L'infirmier Adrien n'est pas là. Plusieurs autres patients sortent de leur chambre. Les cris de Georges les ont réveillés. Une vieille dame demande :

« Qu'est-ce qui se passe ? »

Georges répond :

« Il y avait un voleur dans ma chambre.

– Mon Dieu ! Il faut appeler les vigiles !

– Non ! Il faut appeler la police !

– Je peux savoir ce qui se passe ici ? »

C'est Adrien qui arrive. Il a les poings sur les hanches. Il est très en colère.

Exercice 14 : Les verbes modaux. Lesen Sie weiter und setzen Sie die Verben ins Präsens!

Deux policiers en uniforme sont là. Le voleur a **disparu**. Un policier dit à Georges :

« Monsieur Dorais, vous **1. müssen** _devez_ vous reposer, maintenant. Vous ne **2. können** _____ pas jouer au policier. Et vous, jeune homme, vous ne **3. dürfen** _____ pas être là. Je ne **4. wollen** _____ plus de problèmes, d'accord ? S'il y a un voleur, c'est la police qui **5. müssen** _____ l'arrêter. »

Marie-Claude arrive. Elle n'est **pas** contente **du tout**. Elle **ordonne** à Marc de rentrer avec elle à la maison… et à Georges d'aller dormir avant son opération !

Il est presque six heures quand le **portable**[i] de Marc sonne. Il dormait encore…

« Allô ?

– Allô, mon grand ? »

Marc sursaute.

« Papy ? »

Georges Dorais dit simplement :

voleur *m*	Dieb
repousser	wegschieben
disparaître	verschwinden
pas du tout	überhaupt nicht
ordonner	befehlen
portable	Mobiltelefon
remplacer	*hier*: ablösen

« Viens vite, mon grand ! J'ai besoin de toi !

– Mais maman m'a dit… Et les policiers…

– Prends ton scooter et viens ! »

À six heures et quart, Sophie entre dans la chambre de Georges Dorais.

« Alors, Monsieur Dorais ? C'est le grand jour ! Vous avez bien dormi ? »

Georges Dorais demande simplement :

« Le docteur Manoukian est revenu ?

– Non. Il est malade. C'est le docteur Tabard qui va le **remplacer**.

– Le docteur Manoukian est souvent malade ?

– Non, c'est la première fois.

– Vous l'avez vu ?

– Non, il a appelé au bureau hier soir.

Das Wort *portable* (wörtlich „tragbar") bezeichnet im Französischen sowohl den Laptop als auch das Handy. Weder der Anglizismus „Laptop" noch der im Deutschen falsch verwendete Begriff „Handy" finden im Französischen Gebrauch.

– Hier soir ? Comment le savez-vous ? »

Sophie veut répondre mais Georges Dorais dit :

« Ne me dites pas, c'est Adrien qui a décroché.

– Monsieur Dorais, vous n'allez pas recommencer ! »

Exercice 15 : Vrai ou faux ? Welche Aussagen sind korrekt? Markieren Sie mit richtig ✔ oder falsch - !

1. Un voleur est entré dans la chambre de Georges. ☐

2. Marc est resté à la clinique avec son grand-père. ☐

3. Georges croit toujours qu'il y a un mystère. ☐

4. Sophie est d'accord avec Georges. ☐

Bientôt, Marc est à la clinique, dans la chambre de son grand-père. Il demande :

« Et maintenant ? Qu'est-ce qu'on fait ?

– On retourne à la morgue, pardi ! »

Marc et Georges Dorais doivent être très discrets. Ils réussissent à descendre à la morgue. Là, il y a un homme qui transporte un corps sur un brancard et c'est… le vigile !

Marc veut se cacher mais Georges, au contraire, se montre. Il dit :

« Où est-ce que vous emmenez le docteur Manoukian ? »

Le vigile sursaute.

« Encore vous ? »

Le vigile sort son arme.

« Haut les mains ! »

Marc a très peur. Georges essaie de discuter :

« Pourquoi avez-vous **tué** le docteur ? Qu'est-ce qu'il a **découvert** ? »

Le vigile ne répond pas.

« Un trafic de médicaments. »
C'est Sophie qui parle.

« Adrien et vous volez des médicaments pour les revendre. Et le docteur Manoukian a découvert le trafic. Il voulait vous **dénoncer**. »

Adrien arrive. Le vigile lui demande :

« Qu'est-ce qu'on fait ? »

Adrien répond :

« Tu emmènes le corps dans l'**ambulance**… Et eux aussi… »
Mais les portes de l'ascenseur s'ouvrent tout à coup. On entend crier :

« Police ! **Lâchez** votre arme ! »

décrocher	den Hörer abnehmen, ans Telefon gehen
Pardi !	Bei Gott!
réussir *irr* **à faire qc**	etw. schaffen
brancard *m*	Trage
sursauter	hochschrecken
arme *f*	Waffe
tuer	töten
découvrir *irr*	*hier*: aufdecken
dénoncer	verraten
ambulance *f*	Krankenwagen
lâcher	fallenlassen
costume *m*	Anzug
offrir *irr*	anbieten
avoir *irr* **lieu**	stattfinden

Quand Marie-Claude arrive à la clinique, il est presque quatorze heures. Elle entre dans la chambre de Georges. Son père est là, avec Sophie, Marc et plusieurs autres personnes en blouse blanche. Il y a aussi un homme en **costume** et cravate. Marie-Claude est très surprise. Elle dit :

« Papa ! Tu n'as pas encore été opéré ?

– Non. Comme tu vois, aujourd'hui, c'est gâteau et champagne. **Offerts** par Monsieur le directeur. Mon opération va **avoir lieu** la semaine prochaine. »

Et Marc ajoute :

« Magister dixit ! »

Cela veut dire : « Le **maître** a parlé. »

Georges Dorais est très **fier** de son petit-fils.

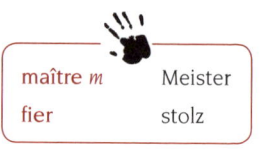

| maître *m* | Meister |
| fier | stolz |

à   de   à   dans   avec

Adrien et le vigile volaient des médicaments à la pharmacie de l'hôpital. Ils revendaient ensuite les médicaments

1. _____ la rue à des drogués. **2.** _____ ce système, ils gagnaient beaucoup d'argent. Mais le docteur Manoukian a découvert leur trafic. Il voulait en parler

3. _____ la direction de l'hôpital. Les deux voleurs ont donc décidé **4.** _____ le tuer.

Les pommes de la discorde

Nadia Nourrissier

Le Domaine d'Éris

« Ce n'est pas une bonne idée !
– Papa, s'il te plaît ! »
Nous sommes sur la côte normande, à Étretat. Lionel ferme la porte du garage. Sa fille, Justine, est déjà dans la voiture. Elle dit :

« Dépêche-toi ! Nous allons être en retard ! »
La petite Clio roule très vite.

« Je te répète que ce n'est pas une bonne idée ! »
Lionel est commissaire de police. Il est le chef du commissariat d'Étretat. Sa fille, Justine, a vingt-deux ans.

côté *m*	Küste
se dépêcher	sich beeilen
commissaire *m* de police	Kriminal-kommissar
commissariat *m*	Polizeirevier
tache *f* de rousseur	Sommer-sprosse
relation *f*	Beziehung
studieux	fleißig

Comme lui, elle est rousse et elle a des taches de rousseur. Elle est aussi très grande.
« Je sais, papa, je sais ! »
Les relations entre Justine et Lionel ne sont pas bonnes. La mère de Justine, Carole, est morte quand Justine était enfant. Carole était docteur. Pour Lionel, Justine doit aussi faire de longues études. Mais Justine n'est pas très studieuse. Elle a fait une première année de médecine. Puis elle a commencé des études d'allemand. Et elle est partie

un an à Berlin. Maintenant, elle a fini sa deuxième année d'allemand. Mais elle ne veut pas continuer. Elle a décidé d'arrêter l'université. Son père est très **fâché**. Il dit que si Justine ne fait plus d'études, alors elle doit travailler.

Nous sommes le lundi 14 septembre. C'est la saison pour **récolter** les pommes. Et la Normandie, c'est la région des pommes **par excellence** ! Elles sont utilisées pour faire du **cidre** ou du **calvados**. Souvent, on ne dit pas « calvados » mais « calva ». Le Calvados, c'est aussi un département de la région

fâché	wütend
récolter	ernten
par excellence	schlechthin
cidre *m*	Apfelwein
calvados *m*	Apfelbranntwein
saisonnier *m*	Saisonarbeiter
retourner	zurückkehren
en avoir *irr* **marre**	genug davon haben
crime *m*	Verbrechen
verger *m*	Obstwiese

Normandie. Comme Justine doit travailler, elle décide de devenir **saisonnière**. Mais son père préfère qu'elle **retourne** à l'université.

« Ton grand-père était professeur, ta mère était médecin, je suis commissaire de police. Et toi, tu…

– Moi, j'**en ai marre** ! Je n'aime pas les études ! Ce n'est pas un **crime** ! »

Pendant le voyage, Justine et Lionel ne parlent pas beaucoup. Lionel répète tout le temps la même chose et Justine ne veut pas l'écouter.

Une heure et demie plus tard, ils sont arrivés. Les **vergers** s'appellent le Domaine d'Éris. Lionel dit :

« C'est un nom original. »

Mais Justine ne comprend pas.

« Pourquoi ?

– Ma fille, tu ne connais pas la **pomme de discorde** ? »

Justine est toute rouge.

« Papa, tu m'énerves ! »

Elle n'aime pas les **remarques** de son père. Lionel est **déçu** parce que sa fille n'aime pas les études. Et il fait souvent des remarques sur le sujet.

La voiture est maintenant dans la **cour** du domaine. Justine prend son sac et **descend**.

pomme *f* de discorde	Zankapfel
remarque *f*	Bemerkung
déçu	enttäuscht
cour *f*	Hof
descendre *irr*	aussteigen
claquer	*hier*: zuschlagen
portière *f*	*hier*: Autotür
frapper	klopfen

« Je sais, papa, on apprend ça à l'université ! »

Et elle **claque** la **portière**. Lionel ne réagit pas et il part.

Justine veut **frapper** à la porte. Mais elle voit une jeune femme avec un chien. C'est un gros chien blanc. Ils sont à côté de la maison. Justine dit :

« Bonjour ! »

La jeune femme ne l'**entend** pas. Mais le **chien** s'approche. Il **aboie**.

« Wouaf ! Wouaf ! »

Il aime beaucoup Justine. Elle peut le **caresser**.

« Salut ! »

C'est l'autre jeune femme qui parle. Elle est blonde et petite. Elle a aussi de grands yeux bleus. Justine répond :

« Salut ! »

La jeune femme **a l'air** très sympathique. Elle **embrasse** Justine sur les deux **joues**.

entendre	hören
chien *m*	Hund
aboier	bellen
caresser	streicheln
avoir *irr* l'air	wirken, scheinen
embrasser	küssen
joue *f*	Wange
sourire	lächeln
sourire *m*	Lächeln
avoir *irr* du succès	erfolgreich sein, Erfolg haben
jaloux	neidisch
devenir	werden

Exercice 2 : Ordre chronologique. Lesen Sie weiter und bringen Sie die Sätze in die richtige Reihenfolge!

a) – Tu viens d'où ?
b) « Moi, c'est Chloé. Et toi ?
c) – Justine. Enchantée.
d) – D'Étretat. »

1	2	3	4

Chloé **sourit**. Elle a un très beau **sourire**. Justine pense : « Chloé est charmante. Elle doit **avoir du succès**. »

Justine est un petit peu **jalouse**. Mais elle trouve Chloé très sympathique. Elle pense qu'elles vont très vite **devenir** amies. Justine caresse toujours le gros chien blanc.

« Il s'appelle comment ? »

Chloé répond :

« Elle ! Elle s'appelle Reinette. Women power ! »

Justine trouve Chloé très
drôle. Elle a un caractère très
fort. Elle demande :

« Reinette ?

– Comme la pomme de…

– Est-ce que votre chat s'appelle Api ? »

toujours	*hier*: immer noch
drôle	lustig
déjà	schon
⚡ mec *m*	Typ
couple *m*	Pärchen, Paar
cinquante	fünfzig
propriétaire *m*	Besitzer
donc	also

Les deux jeunes femmes rient. Justine sait déjà qu'elle a
une nouvelle amie. Chloé demande :

« Tu fais les saisons ?

– C'est la première fois. Je suis… enfin… j'étais étu-
diante.

– T'as quel âge ?

– Vingt-deux.

– Comme moi, cool. Tu vas voir, c'est sympa de récolter les
pommes. Et des fois, il y a des mecs très bien ! Ah ! Ah !
Ah ! »

Chloé entre dans la maison avec Reinette.

« Viens, je vais te présenter ma famille ! »

Justine entre aussi.

Dans la maison, il y a un couple et une vieille dame. Le
couple a environ cinquante ans, comme Lionel. Ce
sont Pascale et Laurent Mallet, les propriétaires du
domaine. Ils sont tous les deux blonds, comme Chloé. La
vieille dame, c'est Geneviève Mallet, la mère de Laurent et

donc la grand-mère de Chloé. Comme Chloé, ses parents et sa grand-mère sont très sympathiques. Laurent Mallet dit :

« Venez, je vais vous présenter les autres saisonniers. »

Bientôt, Justine arrive dans un grand **bâtiment**. Laurent Mallet et Chloé lui montrent sa chambre. Laurent Mallet explique :

bâtiment *m*	Gebäude
se changer	sich umziehen
peu après	etwas später

« Voici votre chambre. Nous travaillons tous les jours de six à quinze heures. Je vous laisse **vous changer** et on y va. Je vous attends dehors.

– D'accord. »

Peu après, Justine, Chloé et Laurent sont dans les vergers. Les autres saisonniers sont déjà en train de travailler. Laurent explique :

« Pour aujourd'hui, vous allez regarder. Vous allez travailler avec Chloé. Ça vous va ?

– C'est parfait ! »

Exercice 3 : Le présent. Setzen Sie die korrekte Verbform im Präsens ein!

1. J' (attendre) _____

2. Il (s'appeler) _____

3. Nous (travailler) _____

4. Vous (aller) _____

Pendant toute la **matinée**, Justine travaille avec Chloé et tout se passe bien. Elle apprend à **ramasser** les pommes et à les **trier**. Justine **fait la connaissance de** beaucoup d'autres saisonniers : il y a Corinne, une mère de famille de quarante ans environ, Sofia et Pawel, un couple

pendant	während
matinée *f*	Vormittag
ramasser	pflücken, sammeln
trier	sortieren
faire *irr* la connaissance de	kennenlernen
retraité *m*	Rentner
reprendre	*hier:* weitermachen
être *irr* assis	sitzen
insister	beharren
si	doch
copain *m*	Freund

polonais de trente ans, Hugo, Maxime et Xavier, trois jeunes du même âge que Justine et Chloé, Marcel, un **retraité**, et Gilles, un homme de cinquante ans environ. Maintenant, c'est la pause de midi. Laurent Mallet dit :
« Une heure de pause ! On **reprend** à treize heures ! »
Pendant la pause, Justine **est assise**[i] à côté de Chloé. Chloé demande à Justine :
« Tu as un mec ? »
Justine ne répond pas. Chloé **insiste** :
« Tu ne veux pas me répondre ? »
Justine dit :
« **Si**… J'ai… Enfin j'avais un

> Im Passé composé muss das Partizip (hier *assis*) immer dem vorangehenden Subjekt (hier Justine) angepasst werden. Das Partizip steht in der weiblichen Form, weil das Subjekt weiblich ist: « Justine est assise. » Wäre das Subjekt männlich, also zum Beispiel Maxime, würde der Satz « Maxime est assis » lauten.

copain quand j'étais en Allemagne… Andreas…
– Et… ?
– Et je suis rentrée en France après mon année Erasmus…

Et lui, il est resté…

– Il fait quoi ?

– Il fait des études.

– Quelle spécialité ?

– Du droit, pour devenir avocat. »

Maintenant, c'est Justine qui pose des questions.

« Et toi ?

– Quoi, moi ? »

Justine sourit. Elle murmure :

« Xavier. »

Chloé devient toute rouge.

« Quoi, Xavier ? »

Justine rit.

« Ah ! Ah ! Ah ! Tu mens très mal ! »

Chloé est très embarrassée. Elle dit :

« Chut ! »

Justine ne comprend pas.

« Quel est le problème ? »

Chloé explique :

« Mes parents ne savent pas que Xavier et moi… »

Justine explique :

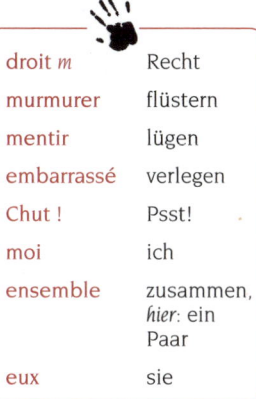

droit *m*	Recht
murmurer	flüstern
mentir	lügen
embarrassé	verlegen
Chut !	Psst!
moi	ich
ensemble	zusammen, *hier*: ein Paar
eux	sie

Im Französischen gibt es sogenannte betonte Personalpronomina, die allein stehend zur Hervorhebung des verbundenen Pronomens gebraucht werden, wie *moi/toi/lui-elle-soi/nous/vous/eux-elles*. Sie werden öfter in Verbindung mit bestimmten Präpositionen verwendet und/oder dienen dazu, das Personalpronomen zu verstärken, wie in dem Satz „Moi, j'ai vu tout de suite que vous êtes ensemble." („Ich habe sofort gesehen, dass ihr zusammen seid.")

« Moi, j'ai vu tout de suite que vous êtes ensemble.

– Mes parents, eux, ne savent pas. Alors, s'il te plaît, ne leur dis rien. Je ne veux pas leur dire. »

Maintenant, Chloé sourit. Elle demande à Justine :

Le problème   Quel problème ?

1. L'ami   _____ ?

2. L'amie   _____ ?

3. Les jeunes femmes   _____ ?

4. Les saisonniers   _____ ?

« Qu'est-ce que tu penses d'Hugo ?

– Il n'est pas mal, mais je préfère Maxime.

– Quoi ? Maxime ? Oh non, Hugo est plus mignon ! »

Les deux amies parlent fort. Tout le monde les regarde. Alors elles parlent doucement. Justine demande :

« Quelqu'un nous a entendues ? »

Chloé répond :

« Je ne sais pas. Mais ce n'est pas grave : tout le monde a des choses à cacher, ici. »

Chloé explique :

« Xavier est fâché parce que je ne veux pas parler à mes parents. Corinne ne parle jamais. Je sais seulement qu'elle a un fils. Hugo et

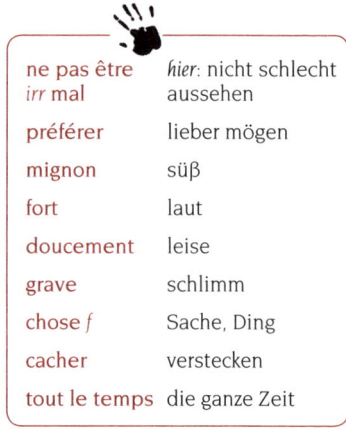

ne pas être *irr* mal	*hier:* nicht schlecht aussehen
préférer	lieber mögen
mignon	süß
fort	laut
doucement	leise
grave	schlimm
chose *f*	Sache, Ding
cacher	verstecken
tout le temps	die ganze Zeit

Maxime sont toujours très énervés. Sofia et Pawel n'aiment pas les autres. Et Gilles veut tout le temps me parler.

– Et Marcel ?

– Le vieux ? Il est plutôt drôle. »

Après la pause, les saisonniers travaillent jusqu'à quinze heures. Ensuite, ils ont du temps libre. Justine va se promener avec Chloé. Les deux amies discutent beaucoup. Elles parlent de leur famille, de leurs amis et de leurs projets. Après le dîner, Chloé **rentre chez elle**. Et Justine rentre dans le bâtiment où dorment les saisonniers.

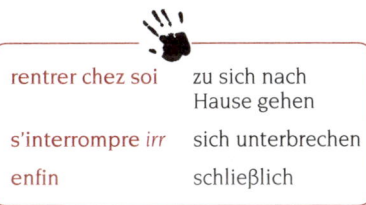

rentrer chez soi	zu sich nach Hause gehen
s'interrompre *irr*	sich unterbrechen
enfin	schließlich

Elle a beaucoup travaillé et elle est très fatiguée. Il est déjà vingt-deux heures et il fait nuit. Elle appelle rapidement son père.

« Allô ?

– Allô, papa ?

– Ah, c'est toi. Ça va ? Ta première journée de travail s'est bien passée ?

– Oui, super ! La fille des proprios s'appelle Chloé, elle a mon âge, elle est très sympa et… »

Justine **s'interrompt**. Lionel demande :

« Justine ? Qu'est-ce qui se passe ? »

Justine regarde par la fenêtre de sa chambre. Elle ne répond pas à son père.

« Justine ! Tu es là ? »

Pas de réponse.

« Justine ! »

Enfin, Justine parle. Elle dit :

« Papa…

– Qu'est-ce qu'il y a ?

– Je… Je crois que j'ai entendu… »

Exercice 5 : Devinette. Finden Sie die gesuchten Begriffe und lösen Sie das Kreuzworträtsel, um herauszufinden, was Justine gehört zu haben glaubt!

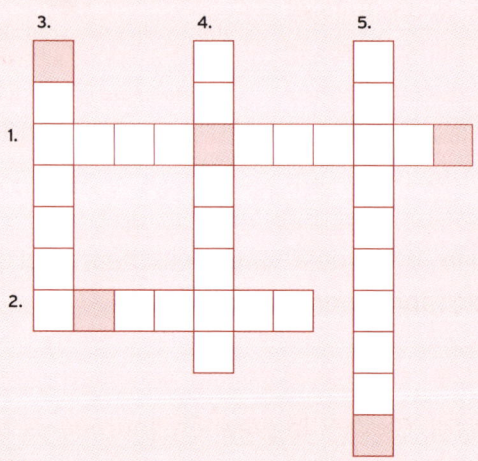

Waagerecht:

1. Le grade de Lionel dans la police.
2. La ville où habitent Justine et Lionel.

Senkrecht:

3. En septembre, c'est la… des pommes.
4. Le chien de Chloé s'appelle…
5. Ils travaillent chaque saison, ce sont les…

Lösung: Justine croit qu'elle a entendu __ __ __ __ __.

2 Meurtre dans les vergers

Justine a entendu… **tirer** ! Elle crie :

« Mon Dieu ! »

Lionel est au téléphone. Il entend tout ce qui se passe.

« Papa, qu'est-ce que je fais ?

– Tu es dans ta chambre ?

– Oui.

– La porte est fermée ?

– Oui.

– Alors **raccroche** et **fais** le 112. J'arrive. »

Une demi-heure plus tard, une voiture de la gendarmerie arrive. On voit bien son **gyrophare** bleu dans la nuit et on entend la sirène. Bientôt, tout

meurtre *m*	Mord
tirer	schießen
raccrocher	auflegen
faire *irr*	*hier:* wählen
gyrophare *m*	Blaulicht
interroger	befragen
lampe-torche *f*	Taschen-lampe
adjudant-chef *m*	Stabsfeld-webel
corps *m*	Leiche

le monde est dans la cour devant la maison. Il y a cinq gendarmes : le premier parle avec la famille Mallet. Deux autres **interrogent** les saisonniers. Les deux derniers cherchent dans la nuit. Ils ont des **lampes-torches**. On entend un cri :

« Mon **adjudant-chef** ! Venez-voir !

– Qu'est-ce qu'il y a ?

– Il y a un **corps** ici ! »

Tout le monde réagit. Certaines personnes veulent aller voir de l'autre côté de la maison. Mais les gendarmes l'interdisent. Les saisonniers parlent

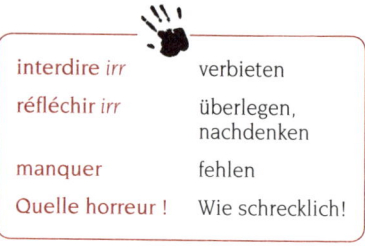

interdire *irr*	verbieten
réfléchir *irr*	überlegen, nachdenken
manquer	fehlen
Quelle horreur !	Wie schrecklich!

beaucoup et ils réfléchissent : qui peut être la victime ? Tout le monde est là… Non… Il manque quelqu'un… Mais qui ? Marcel crie alors :

« Gilles ! Où est Gilles ? »

Personne ne répond.

Pendant ce temps, l'adjudant-chef arrive près du corps. Un gendarme explique :

« C'est un homme de cinquante ans environ.

– Quelle horreur ! C'est Gilles !

– Ah ! »

Exercice 6 : Les verbes en *-ir*. Die Verben wie finir, die auf *-ir* enden, bilden eine extra Gruppe in der Konjugation des Französischen. Versuchen Sie die folgenden Endungen an die richtige Form anzuhängen!

-issons	-issent	-is	-it	-issez

Je fin-   Je finis

1. Vous fin- _____

2. Nous fin- _____

3. Elle fin- _____

4. Ils fin-   _____

Tous les saisonniers sont choqués. Trois gendarmes sont dehors, à côté du corps de Gilles. Les saisonniers sont maintenant à l'intérieur. Geneviève Mallet fait du café pour tout le monde. Elle répète tout le temps :

« Mes pauvres enfants, quel malheur ! »

Les deux gendarmes boivent aussi du café. Geneviève Mallet et Justine voient que Xavier tient la main de Chloé. Justine demande :

« Vous savez ? »

Geneviève Mallet répond :

« Une mère et une grand-mère savent toujours tout. »

La vieille dame sourit, Justine aussi. Mais elle a quand même l'air triste. Geneviève Mallet lui demande :

« Et vous ? Ça va ? »

Justine répond :

« Oui, enfin je crois…

– Vous avez vu ou entendu quelque chose ?

– J'ai entendu tirer mais je n'ai rien vu. Je… »

Un bruit de moteur les interrompt. C'est une grosse berline avec un gyrophare bleu. On peut lire « POLICE » sur le pare-soleil. Les gendarmes ne sont pas très contents. Entre la gendarmerie et la police, c'est ce qu'on appelle la « guerre des polices ». C'est une rivalité entre les deux institutions. C'est Lionel qui conduit la voiture. Il descend et se présente :

« Commissaire Valentin. »

dehors	draußen
répéter *irr*	wiederholen
pauvre	arm
tenir *irr* la main de	jds. Hand halten
enfin	*hier*: nun ja
bruit *m*	Lärm
pare-soleil *m*	Sonnenblende
guerre *f*	Krieg
se présenter	sich vorstellen

C'est le sous-officier de la gendarmerie qui répond :
« Adjudant-chef Gérard. Qu'est-ce que vous faites ici, commissaire ? »

Übung 7: Les contraires. Suchen Sie im vorherigen Textabschnitt jeweils das entsprechende Gegenteil!

Exemple : dedans   <u>dehors</u>

1. à l'extérieur   _____

2. le bonheur   _____

3. le silence   _____

4. la paix   _____

Quand il y a un crime, il faut appeler le Procureur de la République. C'est lui qui décide qui enquête. L'adjudant-chef appelle. Il veut enquêter avec ses hommes mais le procureur n'est pas d'accord. C'est Lionel qui va enquêter et les gendarmes vont l'aider. L'adjudant-chef Roger raccroche. Il n'est pas content du tout. Il dit à Lionel :
« C'est vous qui dirigez l'enquête, commissaire. »
Justine s'approche de son père.
« Papa ! »
L'adjudant-chef Roger est surpris :
« Votre fille est une des suspectes ? Ce n'est pas normal ! »
Lionel est maintenant très en colère :
« Ma fille est innocente, adjudant-chef ! »
Le commissaire et l'adjudant-chef entrent dans la maison.
« Mesdames et Messieurs, je suis le commissaire Valentin,

et voici l'adjudant-chef Roger. Nous allons devoir vous interroger. »

Tous les saisonniers sont là. Ils écoutent en silence. Enfin… Presque tous les saisonniers sont là. Justine demande à voix haute :

« Où sont Maxime et Hugo ? »

Geneviève Mallet répond :

« Ils sont allés aux toilettes. »

Et elle montre le couloir. L'adjudant-chef regarde ses hommes et crie :

« Imbéciles ! »

Procureur *m* de la République	Staatsanwalt
décider	entscheiden
enquêter	ermitteln
surpris	überrascht
suspecte	Verdächtige
en colère	wütend
innocent	unschuldig
à voix haute	laut, mit lauter Stimme
imbécile *m*	Dummkopf, Idiot
disparaître *irr*	verschwinden
donner l'ordre	befehlen
renforts *m pl*	Verstärkung
montrer du doigt	mit dem Finger zeigen

Le commissaire, l'adjudant-chef et les autres gendarmes regardent dans les toilettes. Personne ! Maxime et Hugo ont disparu ! L'adjudant-chef Roger donne l'ordre :

« Appelez des renforts ! Il faut les retrouver ! Et deux hommes restent avec les autres saisonniers ! Personne ne sort, compris ? »

Un gendarme arrive. C'est celui qui est resté à côté du corps. Il veut parler à son chef. Mais l'adjudant-chef Roger dit :

« Ce n'est pas moi qui dirige l'enquête, c'est le commissaire Valentin. »

Et il montre le policier du doigt.

« La victime, Gilles Chambon, n'était pas saisonnier. C'était un… ! »

Lionel ne comprend pas. Il veut parler avec Pascale et Laurent Mallet. Il leur demande :

« Vous saviez que la victime était journaliste ?

– Gilles ? Journaliste ? »

Laurent Mallet a l'air très surpris. Il proteste :

donc	also
vérité *f*	Wahrheit
jurer	schwören
châtain	kastanienbraun
pâle	blass
carte *f* d'identité	Personalausweis

« Mais pas du tout ! C'était un saisonnier comme les autres pour nous ! »

Lionel a vingt ans d'expérience dans la police. Il a donc l'habitude de faire des interrogatoires. Et il sait quand quelqu'un ne dit pas la vérité… ou quand quelqu'un cache quelque chose.

« Et vous, Madame Mallet ? »

Pascale Mallet ne répond pas.

« Madame Mallet, est-ce que vous saviez que Gilles Chambon était journaliste ?

– Non, je vous le jure, commissaire ! »

Dans la pièce principale de la maison, il y a encore Corinne, Sofia, Pawel, Xavier, Marcel, Chloé, Justine et… Geneviève, qui prépare encore du café pour tout le monde. Bientôt, c'est Corinne qui est interrogée par Lionel. Corinne a environ quarante ans. Elle a les cheveux châtains. Elle est très pâle.

« Vous vous appelez Corinne Basmaison, vous êtes née le… Attendez un instant… Mais c'est une… »

Lionel a la carte d'identité de Corinne dans la main.

« C'est… C'est une fausse ! »

Exercice 8 : Vrai ou faux ? Welche Aussagen sind korrekt? Markieren Sie mit richtig ✔ oder falsch - !

1. Lionel a dix ans d'expérience dans la police. ❑

2. Gilles Chambon était journaliste. ❑

3. Corinne Basmaison a les cheveux blonds. ❑

4. La carte d'identité de Corinne est fausse. ❑

Corinne Basmaison ne **se sent** pas bien. Un gendarme lui apporte un verre d'eau. Lionel dit :

« Madame, c'est très **grave** d'avoir de faux papiers ! »

Corinne Basmaison explique : « Je vais vous dire pourquoi j'ai de faux papiers, Commissaire. Mais je n'ai pas tué cet homme ! »

Quand l'**interrogatoire** de Corinne Basmaison est **terminé**, c'est Marcel Juliard qui est interrogé par Lionel.

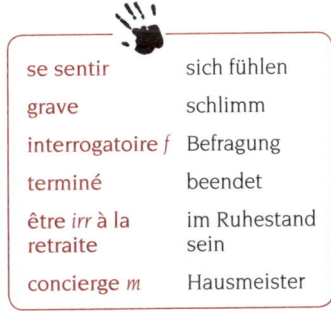

se sentir	sich fühlen
grave	schlimm
interrogatoire *f*	Befragung
terminé	beendet
être *irr* **à la retraite**	im Ruhestand sein
concierge *m*	Hausmeister

« Monsieur Juliard, vous avez soixante-huit ans et vous **êtes à la retraite** depuis huit ans.

– C'est exact, Monsieur le commissaire.

– Pourquoi est-ce que vous faites les saisons ? »

Marcel Juliard répond :

« Vous savez, j'ai travaillé plus de quarante ans comme **concierge** dans un grand hôtel de Deauville. Et la retraite d'un simple concierge, ce n'est pas beaucoup. Et je n'ai pas de femme et pas d'enfants. Alors je m'ennuie un petit peu. Pendant les saisons, je gagne de l'argent et je rencontre beaucoup de gens.

– Je comprends.

– Vous connaissiez bien la victime ? »

Quand Marcel Juliard revient dans la grande pièce, ce sont Sofia et Pawel qui sont interrogés par Lionel.

s'ennuyer	sich langweilen
gagner	*hier*: verdienen
rencontrer	treffen
revenir	zurückkommen
commencer par	anfangen mit
menteur *m*	Lügner

« Vous vous appelez Sofia et Pawel Janow. Depuis combien de temps vivez-vous en France ? »

Lionel sait que sa fille, Justine, était au téléphone avec lui au moment du meurtre. Il ne reste donc plus que Chloé et Xavier. Lionel commence par Chloé.

« Mademoiselle Mallet, où étiez-vous au moment du crime ? »

Chloé répond :

« Dans ma chambre. »

Et quand Lionel pose la question à Xavier, il répond :

« Dans ma chambre. »

Dix minutes plus tard, Lionel discute avec l'adjudant-chef Roger. Le gendarme demande :

« Alors, commissaire ?

– Adjudant-chef, tous ces gens sont des menteurs. »

3 Histoires de familles

Nous sommes le **lendemain** matin ^{i}. La famille Mallet et les saisonniers **se sont couchés** très tard… ou très tôt… C'est l'heure du petit déjeuner. Personne n'a vraiment faim. Mais tout le monde est là **sauf**… Chloé ! Elle **est en retard**.

C'est Geneviève Mallet qui prépare le petit déjeuner. Justine lui demande :

« Où est Chloé ?

– Je ne sais pas. Je crois qu'elle est allée **se promener** dans les vergers. »

Il y a encore des gen-

lendemain	nächster Tag
se coucher	schlafen gehen
sauf	außer
être *irr* en retard	zu spät kommen
se promener	spazierengehen
rechercher	suchen
loin	weit
marcher	laufen

darmes dans le domaine. Les saisonniers n'ont pas le droit de partir. Et les gendarmes **recherchent** encore Maxime et Hugo. Justine sort discrètement dans les vergers. Quand elle est **loin** des bâtiments, elle appelle :

« Chloé ! Chloé ! »

Personne ne répond.

Justine **a marché** pendant longtemps. Elle est mainte-nant à côté d'une petite

Im Unterschied zum Deutschen verwendet man im Französischen das Verb *être*, um das Datum anzugeben. „Wir haben Montag, den 14. September" heißt „Nous sommes le lundi 14 septembre".

cabane au milieu des pommiers.

« Chloé ! Chloé ! »

Là encore, personne ne répond.

Mais, **tout à coup**, Justine sourit.

Exercice 9 : *Être* ou *avoir*. Ergänzen Sie die folgenden Sätze mit dem richtigen Hilfsverb konjugiert.

Exemple : Lionel pense qu'il <u>a</u> raison.

1. Comme Justine, Chloé _____ vingt-deux ans.

2. Nous _____ le 15 septembre.

3. Justine _____ en retard.

4. Les saisonniers n' _____ pas le droit de partir.

Elle voit la **queue** de Reinette.

« Chloé ! »

Personne ne répond.

« Chloé, je sais que tu es là ! »

La porte de la cabane s'ouvre.

C'est Chloé, avec Reinette. On voit que Chloé a beaucoup **pleuré**. Justine lui demande :

« Qu'est-ce qu'il y a ? »

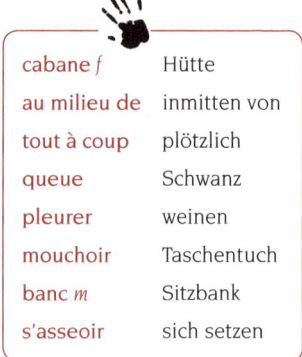

cabane *f*	Hütte
au milieu de	inmitten von
tout à coup	plötzlich
queue	Schwanz
pleurer	weinen
mouchoir	Taschentuch
banc *m*	Sitzbank
s'asseoir	sich setzen

Chloé ne répond pas. Elle sort un **mouchoir**.

« Rien ! Il n'y a rien ! »

Chloé est maintenant assise sur le **banc** devant la cabane. Justine **s'assied** à côté d'elle.

« C'est à cause de Xavier ?

– Xavier ? Non ! Pour-quoi ? »

Chloé explique :

« Je crois que je sais qui sont les meurtriers.

– Maxime et Hugo ?

– Non, je… »

à cause de	wegen, aufgrund von
meurtrier *m*	Mörder
prendre *irr* dans ses bras	jmd. in den Arm nehmen
être *irr* de retour	zurückkommen
indice *m*	Beweis

Chloé pleure. Justine la prend dans ses bras.

« Calme-toi ! Tu ne veux pas m'expliquer ? »

Pendant ce temps, Lionel est de retour au domaine. La Police Technique et Scientifique (PTS) est au travail. Les techniciens cherchent des indices. Le corps de la victime est transporté dans une ambulance. L'adjudant-chef Roger demande à Lionel :

« Et maintenant ? Que faisons-nous ?

– Tous les saisonniers sont encore là ?

– Oui, sauf Maxime et Hugo, et…

– Et quoi, adjudant-chef ?

– Chloé, la fille des propriétaires, se promène dans les ver-gers avec votre fille.

– Quoi ? Vous savez où elles sont ?

– Oui, je…

– On y va ! Vite ! »

Chloé et Justine marchent dans les vergers. Elles veulent rentrer. Reinette marche à côté d'elles. Devant elles, il y a beaucoup de pommiers. Et derrière elles, il y a la cabane. Tout à coup, Reinette aboie. Chloé demande :

« Qu'est-ce qu'il y a, Reinette ? »

Reinette regarde en direction d'une **haie**. Et elle aboie encore. Chloé dit :

« Justine, j'**ai peur**. Normalement, Reinette n'aboie jamais.
– **Haut les mains** ! »

Exercice 10 : L'article partitif. Ergänzen Sie die folgenden Sätze mit der richtigen Form des Teilungsartikels.

Exemple : Corinne Basmaison boit <u>de l'</u>eau.

1. Geneviève Mallet prépare _____ café pour tout le monde.

2. Dans sa chambre, Justine mange _____ pâtes.

3. En Normandie, les saisonniers récoltent _____ pommes.

4. Quand il fait chaud, Justine aime boire _____ limonade.

Chloé et Justine ont très peur : ce sont Maxime et Hugo. Et Hugo a un pistolet. Reinette aboie et **grogne**. Hugo crie :
« Ne bougez pas ! »
Mais Reinette ne veut pas se calmer. Elle continue à aboyer. Alors Hugo dit :
« Chloé ! Occupe-toi de Reinette, **sinon**… »
Terrorisée, Chloé **tient** Reinette. Elle a peur que Hugo tire sur elle.

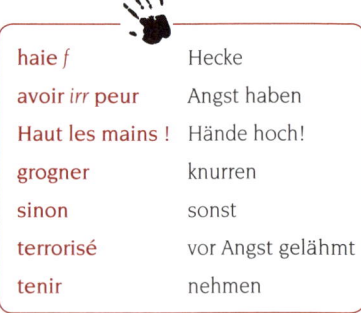

haie *f*	Hecke
avoir *irr* peur	Angst haben
Haut les mains !	Hände hoch!
grogner	knurren
sinon	sonst
terrorisé	vor Angst gelähmt
tenir	nehmen

« C'est… C'est vous qui l'avez tué ?

– Tué qui ?

– Gilles Chambon !

– Nous, on a tué personne ! »

Chloé est très en colère et elle hurle :

« Je suis sûre que c'est vous !

– Tais-toi ! Nous, on a seulement braqué la banque la semaine dernière et on se cache ici…

– Gendarmerie nationale ! »

Ce sont les gendarmes, avec Lionel. Maxime et Hugo ne résistent pas. Les policiers les menottent. Lionel demande :

« Justine, tout va bien ? Et vous aussi, Mademoiselle ? »

Une heure plus tard, la famille Mallet et tous les saisonniers sont dans la pièce principale de la maison. Il y a aussi Maxime et Hugo. Deux gendarmes sont à côté d'eux et ils ont encore des menottes. Lionel dit :

« Mesdames et Messieurs, vous mentez tous !

– Tous ?

– Oui, tous. Et je peux le prouver. »

Justine regarde son père. Elle est très fière et très impressionnée. Corinne Basmaison est nerveuse. Seule Geneviève Mallet est souriante. La vieille dame est toujours de bonne humeur.

hurler	brüllen
braquer	*hier*: überfallen
résister	sich wehren
menotter	in Handschellen legen
menottes *f pl*	Handschellen
prouver	beweisen
fier	stolz
impressionné	beeindruckt
nerveux	nervös
être *irr* souriant	lächeln
être *irr* de bonne humeur	gut gelaunt sein

Lionel commence :

« Monsieur Juliard, vous dites que vous êtes ici parce que vous n'êtes pas riche et que vous voulez rencontrer des gens.

– **En effet**, et alors ?

– Monsieur Juliard, vous êtes **écrivain** et vous êtes ici pour préparer votre prochain roman.

– Ce n'est pas un crime !

– Non, mais mentir à la police,

en effet	tatsächlich
écrivain *m*	Schriftsteller
délit *m*	Vergehen
échapper à qn	jmd. entkommen
violent	gewalttätig

c'est un **délit**. Avoir une fausse carte d'identité, c'est aussi un délit. »

Corinne Basmaison devient toute rouge.

« Je…

– Nous savons, Madame, nous savons. »

Lionel explique que Corinne Basmaison se cache avec son fils ; elle veut **échapper à** son mari, qui est **violent**. Et le commissaire continue :

« Quant à vous deux, vous ne vivez plus en Pologne depuis longtemps. Vous habitez en France depuis des années… »

Sofia et Pawel ne disent rien.

« Vous habitez ici, dans le domaine, et vous y travaillez aussi, mais au noir, n'est-ce pas, Monsieur Mallet ? »

Laurent Mallet bouge la tête.

Puis Lionel parle à Maxime et Hugo :

« Et vous deux, vous êtes des braqueurs de banque. Gilles Chambon était journaliste : il savait peut-être beaucoup de choses sur quelqu'un, ici. Et cette personne l'a tué. »

quant à	was … angeht
vivre	leben
travailler au noir	schwarz arbeiten
tête f	Kopf
braqueur de banque	Bankräuber
ajouter	hinzufügen

Personne ne réagit. Geneviève Mallet continue de faire du café pour tout le monde. Lionel ajoute :

« Mais Gilles Chambon n'était pas là pour un reportage. Son rédacteur-en-chef nous a dit qu'il était officiellement en vacances. »

Marcel Juliard demande :

« Alors pourquoi était-il là ? »

Lionel dit alors :

« Si ce n'est pas pour son travail, alors c'est privé. Une affaire de famille. »

Laurent Mallet est très en colère :

« Mais de quoi est-ce que vous parlez ? »

Pascale Mallet ne dit rien.

« Vous lui expliquez, Madame Mallet.

– C'est lui, Laurent, c'est lui.

– Mais tais-toi ! Chloé ne doit pas savoir que c'est…

– Mon **véritable** père. »

Chloé s'est levée. Elle regarde ses parents. Elle a l'air triste[i].

« Chloé ? Mais comment… ?

– Je t'ai entendue, ce matin, maman et… »

Lionel continue :

« Comment avez-vous réagi, Mademoiselle ?

véritable	richtig
cafetière	Kaffeekanne
tomber par terre	zu Boden fallen
se casser	zerbrechen
trembler	zittern
laisser qn en paix	jmd. in Ruhe lassen
voyou *m*	Ganove

– Je suis allée me promener dans les vergers…

– Et hier soir ?

– Hier soir, j'étais…

– Elle était avec moi, hier soir ! »

Xavier se lève. Il prend Chloé dans ses bras.

« Je vous crois, Mademoiselle, je vous crois. Et vous aussi. Et Monsieur Mallet a vraiment l'air surpris. Je crois qu'il ne savait vraiment pas qui était Gilles Chambon et… »

Tout à coup, on entend un bruit. C'est la **cafetière** qui vient de **tomber par terre** et **se casser**. Geneviève Mallet a les mains qui **tremblent**.

« Mais arrêtez ! **Laissez** ma famille **en paix** ! Je suis sûre que c'est un de ces deux **voyous** ! Ils ont des pistolets ! »

Lionel sourit.

« Des pistolets ? Comment

> Der französische Ausdruck *avoir l'air* lässt sich mit „aussehen" oder „scheinen" übersetzen. Das folgende Adjektiv kann entweder an das Subjekt oder an das Substantiv *air* angeglichen werden. Man kann also sagen „Chloé a l'air heureuse" oder „Chloé a l'air heureux".

le savez-vous, Madame Mallet ? Hugo a un pistolet. Et l'autre, celui de Maxime, c'est le meurtrier qui l'a. »

Geneviève Mallet dit simplement :

« Il est dans l'armoire de ma chambre…

– Maman !

– Mamie ! »

Geneviève Mallet s'assied et explique :

« J'ai entendu la **conversation** entre Pascale et cet homme. Il voulait parler à Chloé. Il voulait **détruire** ma famille et **faire du mal** à ma petite-fille ! Je savais que

conversation *f*	Unterhaltung
détruire *irr*	zerstören
faire *irr* **du mal**	wehtun
portable	Mobiltelefon
quitter	verlassen
déesse *f*	Königin

Maxime et Hugo étaient des voyous, j'avais vu leurs pistolets. Alors j'ai pris un des pistolets et j'ai donné rendez-vous à cet homme derrière les bâtiments… »

Chloé prend sa grand-mère dans ses bras.

« Mamie !

– Je suis désolée, Chloé, je suis vraiment désolée. »

Geneviève Mallet, Maxime et Hugo doivent partir avec les gendarmes.

Une heure plus tard, Justine dit au revoir à Chloé et à ses parents. Il y a aussi Xavier. La famille a maintenant beaucoup de choses à se dire. Chloé et Justine vont rester amies, elles en sont sûres. Elles échangent leurs adresses e-mail et leurs numéros de **portable**.

Quand ils **quittent** le domaine, Lionel dit à Justine :

« Éris est la **déesse** de la discorde.

– Il y a aussi des choses positives dans cette histoire, papa.

La famille Mallet va pouvoir se parler et… »

Lionel demande :

« Et quoi ?

– Maintenant, je sais ce que je veux faire… »

Tout à coup, Lionel est inquiet.

« Je vais devenir commissaire de police ! »

Et Justine rit beaucoup.

Übung 12: Mots cachés. Finden Sie acht Begriffe im Gitternetz, die mit der Handlung zu tun haben.

A	N	U	L	I	M	E	R	A	V
P	O	M	M	E	S	V	E	D	E
R	R	S	A	R	C	A	R	I	R
I	M	M	I	L	I	C	I	S	G
C	A	L	V	A	D	O	S	T	E
O	N	P	E	R	R	S	U	A	R
S	D	O	E	T	E	T	A	N	S
E	I	L	O	U	I	P	A	N	E
R	E	C	O	L	T	E	R	S	O
U	N	I	E	T	R	E	T	A	T

Test Final

Exercice 1 : Trouvez l'intrus. Welches Wort ist das „schwarze Schaf"? Unterstreichen Sie!

1. cinéma   actrice   policier   film
2. commissariat   uniforme   arme   voiture
3. reportage   rôle   appareil-photo   journaliste
4. ministre   hôtel   chambre   réception

Exercice 2 : Les directions. Ergänzen Sie die folgende Wegbeschreibung, damit Georges Dorais seinen Weg im Krankenhaus wieder findet!

« Pour aller à la cafétéria ? C'est facile ! **1.** am Ende ____

_____ du couloir, vous allez **2.** rechts _____

_____ et ensuite **3.** geradeaus _____ .

Puis vous prenez l'ascenseur. La cafétéria est au premier

étage, **4.** links _____ quand vous sortez de

l'ascenseur. »

Exercice 3 : Qui fait quoi ? Ergänzen Sie die folgenden Aussagen mit dem richtigen Namen.

Laurent et Pascale Mallet   Maxime et Hugo

Sofia et Pawel   Lionel

1. _____ ont des pistolets.

2. _____ ont une fille qui s'appelle Chloé.

3. _____ a une fille qui s'appelle Justine.

4. _____ travaillent au noir.

Exercice 4 : La famille. Verbinden Sie die folgenden Beschreibungen mit dem passenden Nomen!

1. ☐ C'est le fils de ma fille, c'est...   **a)** ma grand-mère.

2. ☐ C'est le père de ma mère, c'est...   **b)** mon petit-fils.

3. ☐ C'est la mère de mon père, c'est...   **c)** ma sœur.

4. ☐ C'est la fille de mes parents, c'est...   **d)** mon grand-père.

Exercice 5 : Les articles. Ergänzen Sie die folgenden Sätze mit der richtigen Form des Artikels (bestimmt, unbestimmt oder Teilungsartikel).

1. Justine est _____ fille de Lionel.

2. _____ domaine de la famille Mallet est en Normandie.

3. Le travail des saisonniers, c'est de récolter _____ pommes.

4. Avec les pommes, on peut faire _____ cidre.

Solutions

Meurtre sans victime

Exercice 1 :   **1.** c **2.** d **3.** a **4.** b

Exercice 2 :   **1.** vrai **2.** faux (Adeline est à Cannes depuis le début de l'année.) **3.** vrai **4.** faux (Adeline n'est pas naïve.)

Exercice 3 :   **1.** vingt-trois **2.** dix-huit **3.** neuf **4.** dix-sept

Exercice 4 :   **1.** Je vais aller. **2.** Elle va arrêter. **3.** Vous allez partir. **4.** Ils vont sortir.

Exercice 5 :   **1.** avant-hier **2.** hier **3.** aujourd'hui **4.** demain **5.** après-demain

Exercice 6 :   **1.** le véhicule **2.** Je hais. **3.** J'en ai marre. **4.** chef

Exercice 7 :   **1.** a été **2.** a appelé **3.** est arrivée **4.** est entré **5.** a emmené **6.** a trouvé **7.** a arrêté

Exercice 8 :   **1.** Cannes **2.** commissaire **3.** uniforme **4.** étoile **5.** ministre **6.** paparazzis
Lösung : cinéma

Exercice 9 :   **1.** Quand **2.** Où **3.** Qui **4.** Que

Exercice 10 :   **1.** paparazzi **2.** bureau **3.** samedi **4.** voiture

Exercice 11 :   **1.** n'a que **2.** ne peut pas **3.** ne sait rien **4.** n'est plus **5.** ne se dispute jamais

Exercice 12 :   **Waagerecht:** Cannes, star, acteur, producteur
Senkrecht: paparazzi, festival, roisette, palme

Exercice 13 :   **1.** Si Adeline a une idée, elle doit vérifier. **2.** Si Saad croit que c'est Thierry Durand, il doit le prouver. **3.** Si Bérengère Charrier est suspecte, elle doit être interrogée. **4.** Si le corps n'est pas retrouvé, l'enquête doit continuer.

Exercice 14 : **1.** surprise **2.** choquée **3.** comédienne **4.** actrice

Exercice 15 : **1.** compose **2.** numéro **3.** sonneries **4.** décroche

Exercice 16 : **1.** a **2.** b **3.** b **4.** a

L'Hôpital de tous les mystères

Exercice 1 : **1.** c **2.** b **3.** a **4.** d

Exercice 2 : **1.** c **2.** a **3.** d **4.** b

Exercice 3 : **1.** suis **2.** fait **3.** veut **4.** allons

Exercice 4 : **1.** vrai **2.** vrai **3.** faux (Sophie travaille le matin.) **4.** faux (Adrien fait de la musculation.)

Exercice 5 : **1.** brille **2.** Marie-Claude **3.** regarder **4.** bien sûr **5.** infirmière
Lösung : bague

Exercice 6 : **1.** sortant **2.** allant **3.** étant **4.** ayant

Exercice 7 : **1.** petit-fils **2.** vieux **3.** grand-père **4.** colère

Exercice 8 : **1.** grand-père (grand pèr**e**) **2.** français (francais) **3.** je ne révise pas (je révise pas) **4.** travailler (travailer) **5.** crie (crit) **6.** vais (vas)

Exercice 9 : **1.** a **2.** b **3.** b **4.** a

Exercice 10 : **avoir :** j'avais / tu avais / il/elle/on avait / nous avions / vous aviez / ils/elles avaient / **être :** j'étais / tu étais / il/elle/on était / nous étions / vous étiez / ils/elles étaient

Exercice 11 : **1.** c **2.** d **3.** a **4.** b

Exercice 12 : **1.** seul **2.** enfant **3.** nom **4.** idiot **5.** lit **6.** entrer
Lösung : sénile

Exercice 13 : 1. choquer 2. expliquer 3. vérifier 4. le plan 5. la conversation

Exercice 14 : 1. devez 2. pouvez 3. devez 4. veux 5. doit

Exercice 15 : 1. vrai 2. faux (Marc est rentré à la maison avec sa mère.) 3. vrai 4. faux (Sophie n'est pas d'accord avec Georges.)

Exercice 16 : 1. dans 2. Avec 3. à 4. de

Les pommes de la discorde

Exercice 1 : 1. mère 2. Bavière 3. eau 4. viande

Exercice 2 : 1. b 2. c 3. a 4. d

Exercice 3 : 1. attends 2. s'appelle 3. travaillons 4. allez

Exercice 4 : 1. Quel ami ? 2. Quelle amie ? 3. Quelles jeunes femmes ? 4. Quels saisonniers ?

Exercice 5 : 1. COMMISSAIRE 2. ETRETAT 3. RECOLTE 4. REINETTE 5. SAISONNIER
Lösung: TIRER

Exercice 6 : 1. Vous finissez 2. Nous finissons 3. Elle finit 4. Ils finissent

Exercice 7 : 1. à l'intérieur 2. le malheur 3. le bruit 4. la guerre

Exercice 8 : 1. faux (Lionel a vingt ans d'expérience dans la police.) 2. vrai 3. faux (Corinne Basmaison a les cheveux châtains.) 4. vrai

Exercice 9 : 1. a 2. sommes 3. est 4. ont

Exercice 10 : 1. du 2. des 3. des 4. de la

Exercice 11 : 1. fière 2. souriante 3. nerveuse 4. impressionnée

Exercice 12 : **Waagerecht:** pommes, Calvados, récolte, Étretat
Senkrecht: Normandie, Cidre, Eris, vergers

Test Final

Glossaire

↯ = umgangssprachlich
f = feminin
m = maskulin
pl = Plural
irr = unregelmäßiges Verb

à cause de	wegen, aufgrund von
à droite	rechts
à jeun	nüchtern
à l'étranger	im Ausland
à la recherche de qc	auf der Suche nach etw.
à la retraite	im Ruhestand
à voix haute	laut, mit lauter Stimme
aboyer	bellen
accueil *m*	Empfang
adjoint *m*	Assistent, rechte Hand
adjudant-chef *m*	Stabsfeldwebel
adolescent *m*	Jugendlicher
aider	helfen
Aïe !	Au!
ajouter	hinzufügen
alliance *f*	Ehering
allumer	einschalten
alors	dann
ambulance *f*	Krankenwagen
Antiquité *f*	Altertum
apervecoir	bemerken
apparaître	erscheinen
apparemment	anscheinend
appel *m*	Ruf
apporter	bringen
s'approcher	sich nähern
appuyer	drücken
arme *f*	Waffe

arranger	*hier*: einrenken
arrêter	anhalten; aufhören
arrière-pays *m*	Hinterland
arts *m pl* martiaux	Kampfkunst
ascenseur *m*	Aufzug
assassiner	ermorden
s'asseoir *irr*	sich setzen
assiette *f*	Teller
au bout de	am Ende
au bout du couloir	am Ende des Flurs
au milieu de	inmitten von
aussitôt	alsbald
autorisé	genehmigt
avaler	schlucken
avoir *irr* confiance en qn/qc	jmd./etw. vertrauen
avoir *irr* du succès	erfolgreich sein, Erfolg haben
avoir *irr* l'air	aussehen, wirken
avoir *irr* l'habitude de faire qc	die Gewohnheit haben, etw. zu tun
avoir *irr* l'impression	den Eindruck haben
avoir *irr* le droit de faire qc	etw. tun dürfen
avoir *irr* lieu	stattfinden
avoir *irr* peur	Angst haben
avoir *irr* raison	recht haben
avoir *irr* l'air	wirken, scheinen
bac (baccalauréat) *m*	Abi(tur)
bague *f*	(Finger-)Ring
se baisser	sich bücken
balle *f* à blanc	Platzpatrone
banc *m*	Sitzbank
barrière *f*	Absperrung
basket *m*	Turnschuh
bâtiment *m*	Gebäude
bien	*hier*: tatsächlich
bientôt	bald
bloc *m* (opératoire)	Operationssaal, OP
blouse *f* blanche	weißer Arbeitskittel
bol *m*	Schale, Schüssel
bouclé	lockig
bouder qc	*hier*: einer Sache fernbleiben
bouger	bewegen
bouton *m*	Knopf
brancard *m*	Trage
braquer	*hier*: überfallen
braqueur *m* de banque	Bankräuber
brasserie *f*	*hier*: Gaststätte

briller	scheinen
bruit *m*	Lärm
brun	braunhaarig, dunkelhaarig
cabane *f*	Hütte
cacher	verstecken; zurückhalten
cafetière	Kaffeekanne
cagoule *f*	Strumpfmaske
se calmer	sich beruhigen
calvados *m*	Apfelbranntwein
canne *f*	Krücke, Gehstock
caprice *f*	Laune
caresser	streicheln
carré	*hier*: breitschultrig
carte *f* d'identité	Personalausweis
carte *f* de réquisition	Polizeidienstausweis
se casser	zerbrechen
casquette *f*	Mütze
célèbre	berühmt
célibataire	ledig, alleinstehend, nicht vergeben
chaîne *f*	*hier*: Kanal, Sender
chambre *f* individuelle	Einzelzimmer
se changer	sich umziehen
changer d'avis	die Meinung ändern
changer	wechseln
chasuble	Kasel, Labormantel
châtain	kastanienbraun
chercher	suchen
chien *m*	Hund
chose *f*	Sache, Ding
Chut !	Psst!
Cicéron	Cicero
cidre *m*	Apfelwein
cinquante	fünfzig
claquer	*hier*: zuschlagen
cocarde *m*	Kokarde (kreisrundes Polizeiabzeichen)
collège	Sekundarstufe
comédienne *f*	Schauspielerin
commencer par	anfangen mit
commettre *irr* un crime	ein Verbrechen begehen
commissaire *m* de police	Kriminalkommissar
commissariat *m*	Polizeirevier
comparer	vergleichen
complet	komplett, vollständig
comprendre *irr*	verstehen
compter sur	zählen auf

concierge *m*	Hausmeister
condamné	verurteilt
condition *f*	Bedingung
continuer	fortfahren, weitermachen
conversation *f*	Unterhaltung
copain *m*	Freund
corps *m*	Leiche
costume *m*	Anzug
côté *m*	Küste
se coucher	schlafen gehen
couloir *m*	Flur
couple *m*	Pärchen, Paar
cour *f*	Hof
courir	rennen
cri *m*	Schrei
crier	schreien
crime *m*	Verbrechen
criminel *m*	Verbrecher
d'après	laut, nach
Debout !	Aufstehen!
décéder	versterben
déchu	abgesetzt
décider	entscheiden
déclaration *f*	Erklärung
découvrir *irr*	aufdecken, entdecken
décrocher	den Hörer abnehmen, ans Telefon gehen
déçu	enttäuscht
déesse *f*	Königin
dehors	draußen
déjà	schon
délit *m*	Vergehen
dénoncer	verraten
se dépêcher	sich beeilen
déranger	stören
descendre *irr*	aussteigen
dessert *m*	Nachspeise
détester	hassen
détruire *irr*	zerstören
devant	vor
devenir	werden
disparaître *irr*	verschwinden
disparition *f*	Verschwinden
divorcé	geschieden
donc	also
donner l'ordre	befehlen

dossier *m*	Akte
doucement	langsam, leise
droit *m*	Recht
drôle	lustig
dur	hart
échapper à qn	jmd. entkommen
écouteur *m*	Kopfhörer
écran *m*	Bildschirm
écrivain *m*	Schriftsteller
embarrassé	verlegen
embrasser	küssen
emmener	mitnehmen
s'en aller	weggehen
en avant-première	vorab
en avoir *irr* assez	von etw. genug haben
en avoir *irr* marre	von etw. die Nase voll haben
en colère	wütend
s'endormir	einschlafen
en effet	tatsächlich
s'énerver	wütend werden
en face de	gegenüber von
s'ennuyer	sich langweilen
en particulier	besonders, im Besonderen
en profiter de qc	etw. genießen
en tout cas	jedenfalls, auf jeden Fall
encore	noch
enfiler	anziehen
enfin	schließlich; nun ja
enlèvement *m*	Entführung
enlever	abnehmen
enquête *f*	Ermittlungen, Ermittlungsverfahren
enquêter	ermitteln
ensemble	zusammen, hier: ein Paar
entendre	hören
s'entendre	sich verstehen
Entrez !	Herein!
escarpins *m pl*	Stöckelschuhe
escorte *f*	Eskorte, Geleit
étage	Stockwerk
éteindre *irr*	ausmachen
s'étrangler	sich verschlucken
être *irr* à la retraite	im Ruhestand sein
être *irr* assis	sitzen
être *irr* au courant	auf dem Laufenden sein, informiert sein
être *irr* capable de faire qc	fähig sein, etw. zu tun

être *irr* de bonne humeur	gut gelaunt sein
être *irr* de retour	zurück kommen
être *irr* en retard	zu spät kommen
être *irr* souriant	lächeln
être *irr* très à l'aise avec qc	mit etw. gut umgehen können
eux	sie
évidemment	offensichtlich
examiner	untersuchen
s'exclamer	ausrufen
fâché	wütend
faire *irr* confiance	vertrauen
faire *irr* de plus en plus de bruit	immer mehr Lärm machen
faire *irr* du mal	wehtun
faire *irr* la connaissance de	kennenlernen
faire *irr* semblant	so tun als ob
faire *irr* tomber	fallen lassen
faire *irr*	*hier*: wählen
féliciter	beglückwünschen
feu *m*	Ampel
fier	stolz
flaque *f*	Lache
flash *m* d'appareil-photo	Blitz eines Fotoapparates
fort	*hier*: laut
fouiller	durchwühlen
foule *f*	Menge
frapper	klopfen, schlagen
fréquent	häufig
gagner	*hier*: verdienen
gagner un prix	einen Preis gewinnen
garde *m* du corps	Leibwächter
garde-à-vue *f*	Untersuchungshaft
garer	parken
gêné	verlegen
grand dadais *m*	Tollpatsch
grave	schlimm
gréco-romain	griechisch-römisch
grogner	knurren
⚡ gueuler	schreien
guerre *f*	Krieg
gyrophare *m*	Blaulicht
haie *f*	Hecke
haïr	hassen
hanche *f*	Hüfte
harcelé	belästigt
harceleur *m*	Stalker

hausser les épaules	mit den Schultern zucken
Haut les mains !	Hände hoch!
hésiter	zögern
hurler	brüllen
imbécile *m*	Dummkopf, Idiot
impressionné	beeindruckt
indice *m*	Beweis
infirmière *f*	Krankenschwester
innocent	unschuldig
inquiet	besorgt
insigne *m*	Dienstmarke
insister	beharren
instruit	belesen
interdire *irr*	verbieten
interdit	verboten
interrogatoire *f*	Befragung
interroger	befragen
s'interrompre *irr*	sich unterbrechen
intervenir	eingreifen
intrus *m*	Eindringling
invité *m* d'honneur	Ehrengast
jaloux	neidisch
jeter *irr* par terre	auf den Boden werfen
jolie	hübsch
joue *f*	Wange
jurer	schwören
justement	gerade
lâcher	fallenlassen
laisser qn en paix	jmd. in Ruhe lassen
lampe-torche *f*	Taschenlampe
l'Ancien *m*	der Ältere
Le sort en est jeté.	Die Würfel sind gefallen.
lendemain *m*	der nächste Tag
Les nouvelles vont vite.	Es geht Schlag auf Schlag.
se lever	aufstehen
licence *f* métiers de la scène	Bachelor Theaterdramatik
loin	weit
loué	geliehen
lunettes *f pl*	Brille
lycée *m*	Gymnasium
Ma parole !	Meine Rede!
maigre	schlank, dünn
maître *m*	Meister
malgré tout	trotz allem, trotzdem
mallette *f*	Aktenkoffer

manquer	fehlen
marcher	laufen
marmonner	murmeln
matière *f*	*hier*: Schulfach
matinée *f*	Vormittag
⚡ mec *m*	Typ
médecin *m*	Arzt
membre	Mitglied
même si	wenn auch
menotter	in Handschellen legen
menottes *f pl*	Handschellen
menteur *m*	Lügner
mentir	lügen
meurtre *m*	Mord
meurtrier *m*	Mörder
mignon	süß
minuit *f*	Mitternacht
moi	ich
monde *m* entier	ganze Welt
montée *f* des marches	Treppen hochsteigen (auf dem roten Teppich)
monter le son	den Ton lauter stellen
montrer	zeigen
montrer du doigt	mit dem Finger zeigen
morgue *f*	Leichenhalle
mouchoir	Taschentuch
murmurer	flüstern, murmeln
mystère *m*	Rätsel
⚡ nan	Nö
ne jamais	nie
ne pas avoir *irr* le droit de faire qc	etw. nicht tun dürfen
ne pas être *irr* mal	*hier*: nicht schlecht aussehen
ne que	nur
ne rien	nichts
nerveux	nervös
nez *m*	Nase
obsédé	*hier*: besessen
obtenir	erhalten
s'occuper	sich kümmern
offrir *irr*	anbieten
ombre *f*	Schatten
ordonner	befehlen
⚡ ouais	ja
ouvrir *irr*	öffnen

pâle	blass
pantalon *m*	Hose
paquet *m* de cigarettes	Päckchen Zigaretten
par excellence	schlechthin
Pardi !	Bei Gott!
pare-soleil *m*	Sonnenblende
partout	überall
pas du tout	überhaupt nicht
pas *m*	Schritt
passer	*hier*: bestehen
passer devant	vorbeilaufen
passer la commande	*hier*: wählen, bestellen
patron *m*	Chef, Boss
pauvre	arm
pendant (que)	während
pénible	mühsam; nervig
perdre *irr* la tête	den Verstand verlieren
personnage	Darsteller
personnel *m*	
petit-fils	Enkel
peu après	etwas später
pilule *f*	Pille, Tablette
piste *f*	Spur
plateau-repas *m*	Tablett
pleurer	weinen
Plus on est de fous…	Je mehr Leute …
…plus on rit.	… umso besser die Stimmung.
plus tard	später
poche *f*	Hosentasche
poing *m*	Handgelenk
pomme *f* de discorde	Zankapfel
portable	Mobiltelefon
portière *f*	*hier*: Autotür
poser	*hier*: hinlegen
pour l'instant	im Augenblick
pousser	schieben
préciser	genauer schildern
préférer	vorziehen, lieber mögen
prendre *irr* qn dans ses bras	jmd. in den Arm nehmen
prendre *irr* qn par le bras	jmd. am Arm packen
se présenter	sich vorstellen
prise *f* de sang	Blutentnahme
Procureur *m* de la République	Staatsanwalt
se promener	spazierengehen
promettre *irr*	versprechen

proposer	vorschlagen
propre	eigen
propriétaire *m*	Besitzer
prouver	beweisen
puis	dann
quant à	was ... angeht
Quelle horreur !	Wie schrecklich!
queue *f*	Schwanz
quitter	verlassen
raccompagner	zurückbegleiten
raccrocher	auflegen
radio *f*	Radio
ramasser	aufheben,, (ein)sammeln
ranger	(weg)räumen
rattraper	einholen
réalisation *f*	*hier*: Regie
recevoir	erhalten
rechercher	suchen
récolter	ernten
reconnaître	anerkennen, erkennen
récupérer	*hier*: zurückholen
se refermer	sich wieder schließen
réfléchir *irr*	überlegen, nachdenken
relation *f*	Beziehung
se relever	wieder aufstehen, sich wieder erheben
relire *irr*	noch einmal lesen
remarque *f*	Bemerkung
remplacer *irr*	ersetzen; ablösen
rencontrer	treffen
renforts *m pl*	Verstärkung
rentrer chez soi	zu sich nach Hause gehen
répéter *irr*	wiederholen
reporté	verschoben
repousser	wegschieben
reprendre	*hier*: weitermachen
résister	sich wehren
résumé	Zusammenfassung
retourner	zurückkehren
se retourner	sich umdrehen
retraité *m*	Rentner
se retrouver	sich (wieder) treffen
réussir *irr* à faire qc	etw. schaffen
se réveiller	aufwachen
revenir	zurückkommen
rêver	träumen

réviser	*hier*: für eine Prüfung lernen
rideau *m*	Vorhang
ridicule	lächerlich
rien du tout	überhaupt nichts
rire	lachen
rouler	fahren (Auto)
rumeur *f*	Gerücht
saisonnier *m*	Saisonarbeiter
salle *f* d'interrogatoire	Befragungsraum
sang *m*	Blut
sans autorisation	ohne Erlaubnis
sans doute	wahrscheinlich
sauf	außer
scoop *m*	Exklusivbericht
se sentir	sich fühlen
serveur *m*	Kellner
service *m*	Dienst; Abteilung
sévère	streng
si	doch
sinon	sonst
soigner	pflegen
somnifère *m*	Schlafmittel
sonner	klingeln
sortir	hinausgehen
soupçonner	verdächtigen
soupirer	seufzen
souriant	freundlich
sourire *m*	Lächeln
sourire	lächeln
sous le charme	fasziniert
sous	unter
sous-sol	Untergeschoss
studieux	fleißig
sud *m*	Süden
suivre *irr*	folgen
sûr	sicher
sûr de lui	selbstsicher
surpris	überrascht
sursauter	hochschrecken
surtout	vor allem
suspect *m*	Verdächtiger
suspect	verdächtig
tache *f* de rousseur	Sommersprosse
tailleur *m*	Kostüm
Taisez-vous !	Schweigen Sie! Ruhe!

témoignage *m*	Zeugenaussage
tenir *irr*	nehmen
tenir *irr* la main de	jds. Hand halten
terminé	beendet
terrorisé	vor Angst gelähmt
tête *f*	Kopf
têtu	stur
Tiens, tiens !	Sieh an!
tirer	*hier*: schießen
tiroir *m*	Schublade
tomber	fallen
tomber par terre	zu Boden fallen
toucher	anfassen, berühren
toujours	*hier*: immer noch
toujours pas	immer noch nicht
tour *m*	Runde
tournage	Dreh
tout à coup	plötzlich, auf einmal
Tout ça, c'est du cinéma !	Das ist alles nur Theater!
tout le temps	die ganze Zeit
trace *f*	Spur
travailler au noir	schwarz arbeiten
trembler	zittern
trier	sortieren
Troie	Troya
se tromper	sich irren
tuer	töten
véhicule *f*	Fahrzeug
venir *irr* de faire qc	etw. gerade getan haben
verger *m*	Obstwiese
vérifier	prüfen
véritable	richtig
vérité *f*	Wahrheit
vestiaires *m pl*	Umkleide
victime *f*	Opfer
vidéo *f* de surveillance	Überwachungsvideo
vigile *m*	Wachmann
violent	gewalttätig
vitre *f* sans tain	verspiegelte Scheibe
vivre	leben
voisin *m* de chambre	Zimmernachbar
voix *f*	Stimme
voleur *m*	Dieb
voyou *m*	Ganove

Verzeichnis der Übungen